# A tu p

## Attività comunicative per principianti ed avanzati

**Michael Dreke / Wolfgang Lind**
**Francesca Modica / Giuseppina Valenti**

**L**

# LANGENSCHEIDT

BERLIN · MÜNCHEN · LEIPZIG · WIEN · ZÜRICH · NEW YORK

Illustrazioni:

Herbert Horn:  Attività 1 (cartina), 7, 16, 17, 20
LUVI:  Attività 1 (8 disegni), 2, 3, 4, 8, 9, $11^2$, $16^3$, 18, 21, 23, 34, 38, 41, 42, 43, 44, 45, 46, 48
Anke Rehr:  Attività 1 (2 disegni), $3^3$, 8 (adattato), $11^1$, 12, 22, 25 (adattato), 29, 30, 31, 40A
Carlos Sanz:  Attività 10, 19, 22 (adattato), 27, 32, 37, 39, 40B, 47

Copertina:  Klaus Meyer

| Druck: | 5. | 4. | 3. | 2. | 1. | Letzte Zahlen |
| Jahr: | 97 | 96 | 95 | 94 | 93 | maßgeblich |

© 1993 Langenscheidt KG, Berlin und München

Druck: Druckhaus Langenscheidt, Berlin
Printed in Germany – ISBN 3-468-49997-3

# Indice

# Introduzione

A TU PER TU è stato concepito come una raccolta di materiale di accompagnamento per ogni manuale di italiano. Si rivolge ad un pubblico di giovani e di adulti ed ha come obiettivo quello di migliorare la competenza orale dello studente fissando al tempo stesso le sue conoscenze grammaticali.

Un aspetto della competenza orale è la capacità di utilizzare correttamente le strutture morfosintattiche. L'uso di queste strutture è spesso però relegato nell'ambito dei soli esercizi scritti. Quest'opera intende quindi colmare un vuoto restituendo anche l'esercizio morfosintattico all'ambito della situazione comunicativa orale, affinchè correttezza e fluidità possano camminare di pari passo.

Si studia una lingua straniera con l'obiettivo di poter comunicare con i parlanti di questa lingua in ambiti e situazioni diverse. La classe funziona come un "laboratorio" dove le situazioni comunicative vengono sperimentate, analizzate, e per quanto possibile, previste. Ma proprio l'elemento dell'ignoto, della sorpresa sta alla base della situazione autentica. La comunicazione si snoda fra prevedibile e imprevedibile.

Ripartendo le attività in due fogli di lavoro distinti per lo studente A e lo studente B abbiamo inteso recuperare l'elemento dell'ignoto nella comunicazione. I due fogli, pur partendo da una stessa situazione, contengono informazioni differenti. Gli esercizi riproducono il più possibile situazioni autentiche e le informazioni mancanti forniscono lo stimolo alla conversazione.


Ecco la tipologia degli esercizi proposti:

– Chiedere e dare informazioni
  Gli interlocutori A e B sono invitati a scambiarsi le informazioni contenute nei propri fogli per parlare di altre persone o di se stessi. Gli esercizi forniscono anche elementi tipici di civiltà italiana.

– Esprimere la propria opinione
  Gli studenti sono invitati ad esprimere le proprie opinioni, simpatia o antipatia, convinzioni o impressioni su diversi soggetti.

– Creare un dialogo
  Gli studenti sono invitati a creare un dialogo complesso a partire da alcuni elementi dati.

– Drammatizzazione libera
  I fogli A e B contengono informazioni su ruoli diversi che gli studenti dovranno interpretare. L'esito della drammatizzazione è aperto.

Si è cercato di dare alle attività una progressione simile a quella adottata dai manuali per quanto riguarda le strutture grammaticali.

L'impiego del materiale è molto semplice e non necessita di preparazioni supplementari: basta fotocopiare i fogli A e B.

Ci auguriamo che A TU PER TU sia per gli studenti un contributo al piacere di conversare.

# Indice delle attività

| Titolo | Argomento e lessico | Funzioni comunicative | Strutture grammaticali |
|---|---|---|---|
| 1. Chi è? | aggettivi di nazionalità *level 1* | informarsi su nome, nazionalità e residenza di qualcuno | *essere, chiamarsi, vivere,* al presente; aggettivi al singolare; preposizioni *a, di* |
| 2. Parlare di qualcuno | aggettivi indicanti stati d'animo, condizione fisica ecc. *level 1* | elementi per parlare di sé e di un'altra persona | *essere;* aggettivi al singolare |
| 3. Abitare a ..., essere di ..., andare a ... | nomi di città | elementi per parlare di sé e di un'altra persona | *dove? – di dove?* preposizioni *a, di, in* |
| 4. Giornate | attività quotidiane | domandare e rispondere a proposito di attività quotidiane | pres. indicativo di alcuni verbi e forma progressiva |
| 5. Facciamo la spesa | generi alimentari, prezzi e quantità | chiedere il prezzo, fare la spesa | uso della preposizione *di* con le quantità |
| 6. Com'è l'albergo? | servizi e oggetti tipici di un albergo | informarsi sulle caratteristiche di un albergo | *ce l'ha, ce l'hanno, c'è, ci sono,* anche in forma negativa |
| 7. Hai bisogno di qualcosa? | alcuni oggetti di uso comune | chiedere a qualcuno se ha bisogno di qualcosa | *avere bisogno, mancare, servire; gli, le* |
| 8. A che ora? | attività quotidiane, orari | parlare dei momenti della giornata | pres. indicativo di alcuni verbi; *svegliarsi* |
| 9. Famiglia | professioni, età | chiedere informazioni su una persona | uso del possessivo con nomi di parentela |
| 10. Indovina cos'è! | caratteristiche fisiche e funzioni di un oggetto | indovinare un oggetto | espressioni impersonali; complemento di materia |
| 11. Giudizi | | esprimere un'opinione su qualcosa | *sembrare, trovare;* aggettivi |
| 12. Pronto, chi parla? | numeri di telefono | parlare al telefono, chiedere un'informazione, lasciare un messaggio | pronomi personali complemento diretto: *lo, la, La* e indiretto: *gli, le, Le* |
| 13. Simpatia e antipatia | | esprimere pareri su una persona | *che cosa ne pensi/pensa?* pronomi personali complemento diretto *lo, la* |
| 14. Propositi per l'anno nuovo | | esprimere propositi | futuro |
| 15. Cosa fanno? | alcune azioni non convenzionali | parlare del modo di comportarsi di qualcuno | proposizioni temporali rette da *quando* |

6

| Titolo | Argomento e lessico | Funzioni comunicative | Strutture grammaticali |
|---|---|---|---|
| 16. Conosci la signora…? | | chiedere informazioni più dettagliate su una persona | pronomi interrogativi |
| 17. In albergo | drammatizzazione libera sul tema albergo | | |
| 18. Senta, scusi … | alla stazione, cercare una camera, alla cassa di un cinema, in palestra | chiedere informazioni varie, rispondere a una richiesta di informazioni | proposizioni interrogative dirette ed indirette |
| 19. Hai mai fatto…? | | parlare di esperienze fatte | passato prossimo e imperfetto |
| 20. Ti va di fare qualcosa insieme? | giorni della settimana, orari | fare proposte per il tempo libero e reagire adeguatamente | *Hai/ha voglia di …?* *Ti/Le va di …?* *Dovere, potere, volere* |
| 21. Abbreviazioni | abbreviazioni della lingua commerciale e burocratica, enti, partiti politici, sigle automobilistiche | chiedere il significato di una sigla | *Che cosa vuol dire …?* *Che cosa significa …?* |
| 22. In cucina | oggetti di uso domestico, arredamento della cucina | identificare la posizione di un oggetto | preposizioni articolate |
| 23. Arrediamo | arredamento di un soggiorno | situare oggetti nello spazio | preposizioni articolate |
| 24. In metro-politana | Milano | chiedere informazioni per recarsi in un luogo con un mezzo pubblico | preposizioni; imperativo; numerali ordinali |
| 25. Pettegolezzi | alcune espressioni insolite | informarsi, più o meno direttamente, sulla vita di qualcuno, riferire un'opinio-ne diffusa fra la gente | congiuntivo e indicativo |
| 26. Per strada | Siena | chiedere informazioni stradali | imperativo |
| 27. Una festa di Carnevale | preparare un festa | | pronomi atoni diretti e indiretti; enfatizzare il soggetto tramite posposizione |
| 28. Cercate una casa per le vacanze? | drammatizzazione libera, linguaggio degli annunci commerciali | descrivere una casa, esprimere gusti e preferenze | |
| 29. Identikit | aspetto fisico di una persona | descrivere ed identificare una persona | imperfetto; aggettivi |
| 30. Chiedere un oggetto | oggetti di uso comune | chiedere un oggetto a qualcuno | pronomi combinati |

| Titolo | Argomento e lessico | Funzioni comunicative | Strutture grammaticali |
|--------|---------------------|------------------------|------------------------|
| 31. Esclamazioni spontanee | espressioni tipiche del registro colloquiale | esprimere commenti o reagire "a caldo" | |
| 32. Conoscete l'Italia? | punti cardinali, regioni, mari, città italiane | posizionare geograficamente | preposizioni di luogo semplici e articolate |
| 33. Puzzle | | ricostruire l'ordine logico di una lettera partendo da frammenti | |
| 34. Cosa fareste al suo posto? | | immaginarsi di essere al posto di un'altra persona | periodo ipotetico, condizionale semplice, congiuntivo imperfetto |
| 35. Tempo libero | drammatizzazione libera | parlare al telefono, fare, accettare, rifiutare proposte per il tempo libero | condizionale |
| 36. Raccontare una storia | | creare una storia partendo da illustrazioni | uso dei tempi del passato |
| 37. Che ti è successo? | drammatizzazione libera | parlare al telefono, offrire il proprio aiuto a qualcuno, esprimere comprensione | |
| 38. Agenzia di viaggi | drammatizzazione libera sul tema viaggi | convincere qualcuno a modificare un progetto | |
| 39. Non ti sembra una buona idea? | drammatizzazione libera | convincere qualcuno, esprimere accordo o disaccordo | indicativo e congiuntivo |
| 40. Nei suoi panni, io … | | immedesimarsi nella situazione di un altro | condizionale composto |
| 41. Un furto | lessico riguardante un furto | esprimere una finalità | proposizioni finali con perché + cong. imperf., oppure per + infinito |
| 42. Convincere | drammatizzazione libera: in un pensionato studentesco | spiegare le proprie ragioni | |
| 43. Contraddizioni | resoconto di una rapina | rilevare contraddizioni fra due racconti | discorso indiretto |
| 44. Parliamo dell'infanzia | infanzia | raccontare | uso dei tempi del passato |
| 45. Parliamo di educazione | infanzia | esprimere accordo o disaccordo | presente e tempi del passato, condizionale |

| Titolo | Argomento e lessico | Funzioni comunicative | Strutture grammaticali |
|---|---|---|---|
| 46. Mi scusi, ma ci deve essere un errore | drammatizzazione libera: a teatro, in treno | esprimere malcontento, cercare di chiarire una situazione, cercare soluzioni ad un contrattempo | congiuntivo |
| 47. La lingua del corpo | questionario | riflettere su propri e altrui comportamenti | |
| 48. Protesto! | scuola di lingue, ristorante, albergo | protestare | |
| 49. Una donna italiana per il Nobel | biografia di Rita Levi-Montalcini | | uso del passato remoto e del passato prossimo in una biografia |

# Guida alle attività

Al momento della distribuzione delle schede, chiedete agli studenti di scorrere velocemente il testo e verificate l'eventuale presenza di parole sconosciute. In questo caso è preferibile che il chiarimento avvenga prima fra gli studenti e che voi interveniate solo quando sia indispensabile.

Leggete insieme le istruzioni. Il loro linguaggio, soprattutto nelle prime attività, è molto più complesso delle attività stesse. Leggete e spiegate gli esempi forniti ed eventuali mezzi linguistici. Per accertarvi che la struttura dell'attività sia stata compresa, potete, in alcuni casi, iniziare l'esercizio insieme.

E'opportuno variare di volta in volta le modalità di formazione delle coppie, usando qualsiasi tipo di materiale abbinabile a coppie (carte da gioco, illustrazioni di fiori o di animali, tarocchi ecc.).

1. E' bene introdurre l'esercizio presentando il nome dei vari paesi sulla cartina e leggendo gli aggettivi di nazionalità, per evitare errori di pronuncia.

2. Lasciate il tempo di mettere le croci.
   Lavoro supplementare:
   Portare in classe alcune foto di personaggi famosi e descriverli ampliando lo schema proposto.

3. Lavoro supplementare:
   Lavorando con la classe al completo i corsisti si pongono l'un l'altro le stesse domande.

4. Lavoro supplementare:
   Vedi unità 3.

5. Il commesso del negozio e il cliente devono prendere nota dei prezzi e calcolare il totale.
   Se esso risulta differente, devono controllarlo senza però mostrarsi i fogli.
   Lavoro supplementare:
   Partendo da un piatto italiano appetitoso, risalire agli ingredienti necessari e fare ipotesi sul costo. Potete eventualmente portare un bella fotografia di un piatto italiano e lasciare che i corsisti cerchino di scoprirne gli ingredienti.

6. Lavoro supplementare:
   Portare alcuni dépliant di alberghi o fotocopiare una pagina di una guida alberghiera, tipo Michelin. Tradurre i simboli della guida in frasi compiute.

7. Lavoro supplementare:
   Chiedete ai corsisti di pensare a un piccolo lavoro di riparazione o miglioramento che devono fare in casa e di elencare quali strumenti servono per realizzarlo.

8. Una possibile introduzione all'attività: fate silenziosamente alla lavagna dei piccoli disegni che rappresentino la routine giornaliera. Non si richiede abilità pittorica. Quindi chiedete alla classe di "interpretarli". Chiamate alla lavagna un corsista e ponetegli alcune domande del tipo proposto dall'esercizio. Il corsista deve, in risposta, disegnare un orologino con l'orario. Gli altri corsisti tradurranno in parole il suo disegno.
   Es.: "Klaus cena verso le sette".

9. Ricordate ai corsisti che possono inventare le risposte. Non è un gioco della verità!

10. Domandate prima ai corsisti in quali occasioni si possono ricevere dei regali. Al termine dell'attività è possibile chiedere: "In quali occasioni vi piace fare dei regali? In quali vi pesa?".

11. Continuate con la classe al completo scoprendo i gusti dei diversi corsisti. Ponete domande anche su spettacoli, manifestazioni artistiche o eventi sociali e politici del momento.

12. Per simulare l'effetto telefonata si girano le sedie in modo che i corsisti si diano le spalle. Si disconnette in questo modo il canale visuale e la comunicazione avviene solo acusticamente.

13. Lavoro supplementare:
    Portate alcune fotografie di persone tratte da giornali ed invitate gli studenti ad esprimere dei giudizi. Vedi anche attività 29.

14. Potete introdurre l'attività raccontando di un proposito al quale non vi siete attenuti. Es.: "Andrò almeno due volte alla settimana in piscina!..."
    In conclusione potete chiedere i vari propositi dei corsisti.

15. Al termine dell'attività, con la classe al completo, invitate i corsisti a rivolgersi l'un l'altro alcune delle domande contenute nell'esercizio.

16. Lavoro supplementare:
    Portate alcune fotografie di persone e invitate i corsisti ad immaginare liberamente la vita delle persone rappresentate.

17. Ogni coppia prepara una scena fra le quattro proposte. Ricordate ai corsisti che, usando la fantasia, è possibile parlare per diversi minuti. Invitate a una recitazione il più realistica possibile. In questa fase le coppie recitano simultaneamente. Suggeriamo di fissare un tempo limite per questa fase collettiva. A questo punto sorteggiate una o due coppie che reciteranno davanti a tutti.
    Disponete le sedie degli altri corsisti in modo da creare al centro uno spazio tipo palcoscenico e fate accomodare il pubblico. Quindi date un "CIAK" iniziale e poi nascondetevi fra il pubblico.
    Abbiamo constatato che persone a volte molto timide sono stimolate da questa messa in scena a rivelare l'aspetto più teatrale ed estroverso del proprio carattere, spesso sopperendo con un'ottima gestualità alla scarsezza dei mezzi linguistici. Se qualcuno non si presta al gioco, non insistete.

18. È possibile che ogni coppia lavori su tutte le proposte oppure più in dettaglio su una, ampliandola con la fantasia. Per la messa in scena si veda l'attività 17. Al pubblico potrete chiedere, al termine della rappresentazione, di commentare l'atteggiamento psicologico dei personaggi.
    Es.: il cliente era insistente/prepotente/timido ecc.
        l'impiegato era gentile/sgarbato/disponibile ecc.

19. Al termine dell'attività, lavorando con tutta la classe, invitate qualche corsista a raccontare un'esperienza insolita, divertente, disastrosa o altro, riferitagli dal partner.

20. Potete preparare l'attività portando la pagina degli spettacoli tratta dal giornale della vostra città, vari dépliant con attività ricreative, pubblicità di ristoranti ecc.
    Disponete il materiale su un tavolo al centro della stanza e lasciate ai corsisti alcuni minuti di tempo per orientarsi e decidere qualcosa che vorrebbero fare. Quindi, formate le coppie e distribuite i fogli.

21. ---

22. Ricordate agli studenti che *non* è necessario essere disegnatori provetti! Disegnare è divertente al di là del risultato!

23. Vedi attività 22.
    Lavoro supplementare, da proporre alcuni giorni dopo:
    Si dispongono gli studenti a coppie, ma in modo che A non veda quello che disegnerà B e viceversa. Ogni corsista deve avere due fogli bianchi: su uno disegnerà il semplice perimetro di una stanza del proprio appartamento, indicando anche gli spazi occupati da porte e finestre, sull'altro disegnerà la stessa stanza completa di arredamento. Lo studente darà il primo foglio al partner e terrà il secondo..
    Il corsista che inizia dovrà spiegare, con indicazioni solo verbali, la disposizione dell'arredamento nella sua stanza. Il partner disegnerà sulla piantina vuota a sua disposizione, secondo le indicazioni ricevute. Potrà chiedere chiarimenti. Alla fine della descrizione si confrontano le due piantine. Quindi si scambiano i ruoli.

24. Preparate l'esercizio con esempi tratti dalla metropolitana della propria città o della città più vicina.

25. Spiegate il lessico nuovo mantenendo i gruppi A e B separati.

26. Lavoro supplementare:
Invitate un compagno di corso a prendere un tè a casa vostra. Descrivetegli la strada per arrivarci.

27. Lavoro supplementare (con tutta la classe):
Avete appena comprato un appartamento che è da rinnovare completamente. Quali lavori vanno fatti? Scrivete, con l'aiuto dei corsisti, una lista alla lavagna. Quali attrezzi servono? Scrivete una seconda lista accanto alla prima. Ogni corsista segna il proprio nome alla lavagna accanto a un lavoro da fare. Ci possono essere più nomi per un lavoro. Si scelgono poi due corsisti per verificare l'andamento dei lavori e distribuire il materiale necessario.
Es.: A: Chi ha costruito il muro?
     B: L'ho costruito io, ma non l'ho ancora finito perché mi manca/serve qualcosa.
     A: Che cosa ti manca/serve?
     B: Mi mancano degli altri mattoni.
     A: Eccoli!

28. Il cliente che non trova qualcosa che lo soddisfi potrà rinunciare.
Lavoro supplementare:
Rispondere ad un annuncio con una lettera.

29. Lavoro supplementare:
Disponete diverse fotografie di persone su un tavolo e invitate tutta la classe a disporsi in cerchio intorno ad esse. Un corsista inizia a descrivere fisicamente un personaggio senza però rivelare né dare a vedere a quale illustrazione si riferisce. I compagni cercano di capire, anche rivolgendogli domande, di chi sta parlando.
La scelta delle fotografie può essere fatta dagli stessi corsisti in piccoli gruppi ritagliando le foto da vecchie riviste.

30. Lavoro supplementare:
Istituite una piccola gara di memoria visiva! Proiettate un lucido e date ai corsisti 3' per osservarlo ed imprimersi nella memoria i particolari. Quindi ogni corsista scrive tutto quello che ricorda dell'immagine. Vince chi enumera più particolari.
E' possibile anche scrivere il resoconto in piccoli gruppi.
Per sviluppare la memoria visiva esistono alcune tecniche. Avete mai letto qualcosa a proposito? Chiedete anche ai vostri corsisti. Potete consultare insieme un manuale di mnemotecnica.

31. Spiegate il lessico nuovo mantenendo i gruppi A e B separati.

32. Preparate l'attività distribuendo alcune cartine mute dell'Italia suddivisa in regioni. Facendo lavorare i corsisti in piccoli gruppi, chiedete di compilarle con i nomi delle regioni, le principali catene montuose, i principali fiumi, i nomi dei mari.
Confrontare quindi il lavoro dei gruppi fino al completamento delle cartine, integrando eventualmente i dati mancanti.

33. Soluzioni:
Lettera 1: a - f - i - h - r - m - e - o - u - s
Lettera 2: b - l - g - t - z - d - q - c - p - n

Per concludere, fate leggere le due lettere a voce alta, ponendo l'attenzione sull'intonazione e la pronuncia.

34. Al termine dell'attività, chiedete ai corsisti una qualsiasi delle loro risposte e le ragioni della loro scelta.

35. Vedi attività 20.

36. Lavoro supplementare:
   Raccontare una storia prediletta nell'infanzia. In alcuni casi si renderà necessario l'uso del passato remoto. Affrontare eventualmente questa fase del lavoro dopo lo studio di tale forma verbale.

37. Attenzione: all'interno di ogni coppia, il partner che è in difficoltà deve riferirsi alla parte B del foglio, a destra. Lasciate scegliere ad ogni corsista *una* delle due proposte indicate nel suo foglio.

38. Per indicazioni sulla drammatizzazione, vedi attività 17.

39. Lasciate scegliere una delle due proposte.

40. Può seguire una discussione dal titolo: "Potete immaginare un 'colpo di testa' nella vostra vita?"
   E' possibile simulare una trasmissione televisiva ad interviste. Scegliete in tal caso un moderatore e un paio di giornalisti fra i personaggi più 'aguerriti' della classe.

41. Lavoro supplementare.
   Distribuite un piccolo articolo contenente la cronaca di un furto, tratto da un giornale italiano. Lasciate un tempo sufficiente perché ogni corsista possa leggerlo, ma senza l'aiuto del vocabolario e senza farvi domande. Quindi raccogliete tutti gli elementi capiti. E' possibile in seguito chiedere ai corsisti di evidenziare, all'interno dell'articolo, il lessico specifico riguardante il tema 'furto'.

42. Lasciate che ogni coppia si accordi su una delle due proposte.
   Per la drammatizzazione vedere attività 17.

43. ---

44. Essendo opportuno non formare casualmente le coppie, dato l'argomento della discussione, suggeriamo questa procedura: dividete la classe in due gruppi. Un gruppo si dispone ad aspettare fuori dall'aula, mentre l'altro gruppo colloca le sedie a due a due una di fronte all'altra, cercando di creare uno spazio un po' intimo. A questo punto invitate il gruppo che era fuori a rientrare e chiedete a ogni membro del gruppo di scegliere un partner con il quale si senta a proprio agio. Solo a questo punto enunciate l'argomento della conversazione e distribuite le schede. Fissate un tempo massimo per la discussione (si consigliano almeno 20 minuti). Se qualche studente si sentisse in difficoltà, può non rispondere a delle domande. Questa attività è da proporre se il clima della classe lo consente.

45. E' possibile terminare l'attività chiedendo ai vari corsisti: "Come definireste, sinteticamente, il genitore ideale?"

46. Lasciate che le coppie scelgano una delle due proposte. Per la drammatizzazione vedi attività 17.

47. Al termine dell'attività, è possibile discutere con tutta la classe delle differenze di comportamento di vari popoli conosciuti.

48. Se è possibile, fate precedere a questa attività l'ascolto di un brano autentico di protesta. (Ne sono disponibili alcuni in vari corsi di comprensione auditiva).
   Lasciate che le coppie scelgano una delle tre proposte.
   Per la drammatizzazione vedi attività 17.

49. In questa attività astenetevi dal chiarire il lessico sconosciuto, lasciando agli studenti la possibilità di ricorrere al dizionario.
   E' anche possibile svolgere l'esercizio dividendo la classe in due squadre contrapposte. Questa variante introduce un elemento di gioco.
   Lavoro supplementare:
   Lettura di un brano tratto da "Elogio dell'imperfezione" di Rita Levi-Montalcini, Garzanti 1987.

# 1A

Level 1

## Chi è?

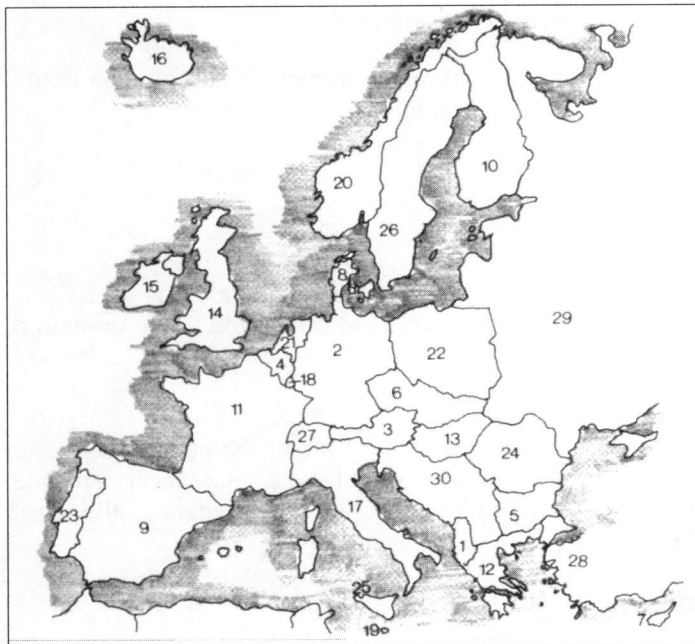

*Esempio:*

B: Come si chiama il signor B?
A: Si chiama Sorensen.
B: Di dov'è?
A: E' danese (8).
B: Dove vive?
A: Vive a Mosca.

*Aggettivi di nazionalità:*

| | |
|---|---|
| austriaco | belga |
| danese | finlandese |
| greco | inglese |
| irlandese | islandese |
| italiano | francese |
| spagnolo | russo |
| svedese | svizzero |
| portoghese | tedesco |

| A | B | C | D | E |
|---|---|---|---|---|
| | Sorensen | Platov | Gonzales | |
| | 8 | 29 | 9 | |
| | Mosca | Copenhagen | Berna | |

| F | G | H | I | L |
|---|---|---|---|---|
| | Nilsson | | | Moulin |
| | 26 | | | 11 |
| | Lisbona | | | Stoccolma |

# Chi è?

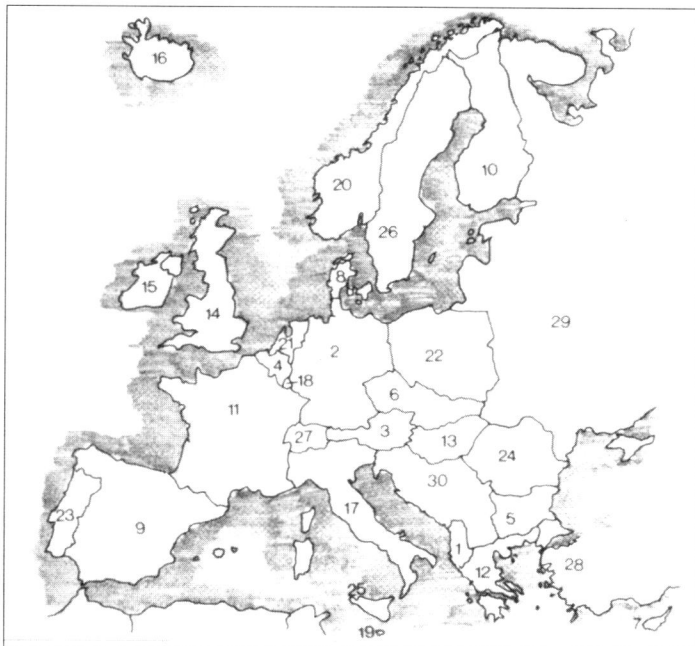

Esempio:

> A: Come si chiama la signora A?
> B: Si chiama Hatchings.
> A: Di dov'è?
> B: E' inglese (14).
> A: Dove vive?
> B: Vive ad Amburgo.

*Aggettivi di nazionalità:*

| | |
|---|---|
| austriaco | belga |
| danese | finlandese |
| greco | inglese |
| irlandese | islandese |
| italiano | francese |
| spagnolo | russo |
| svedese | svizzero |
| portoghese | tedesco |

| A | B | C | D | E |
|---|---|---|---|---|
| Hatchings | | | | Rossi |
| 14 | | | | 17 |
| Amburgo | | | | Parigi |

| F | G | H | I | L |
|---|---|---|---|---|
| Krause | | Rütli | Madeira | |
| 2 | | 27 | 23 | |
| Vienna | | Londra | Santiago | |

## Parlare di qualcuno

| Sono: | Il mio compagno è: | L' insegnante è: |
|---|---|---|
| di buon umore | | |
| stanco | | |
| felice | | |
| triste | | |
| innamorato | | |
| nervoso | | |
| in forma | | |
| a dieta | | |
| in bolletta | | |
| puntuale | | |
| a casa stasera | | |
| in crisi | | |
| sportivo | | |
| sposato | | |
| divorziato | | |

*Per prima cosa segnate con una crocetta le espressioni che si riferiscono a voi. Poi interrogate il vostro compagno e annotate le sue risposte. Quindi segnate quello che sapete, o immaginate, del vostro insegnante.*

*Esempi:*

A: Sei felice (oggi)?/E' felice (oggi)?
B: No. E tu?/No. E Lei?
A: Io sì./Neanch'io.

*oppure:*

A: Sei felice (oggi)?/E' felice (oggi)?
B: Sì. E tu?/Sì. E Lei?
A: Anch'io./No, io no.

*oppure:*

A: E' felice l'insegnante (oggi)?
B: Sì./No./Non lo so.

## Parlare di qualcuno

| Sono: | Il mio compagno è: | L' insegnante è: |
|-------|--------------------|------------------|
| di buon umore | | |
| stanco | | |
| felice | | |
| triste | | |
| innamorato | | |
| nervoso | | |
| in forma | | |
| a dieta | | |
| in bolletta | | |
| puntuale | | |
| a casa stasera | | |
| in crisi | | |
| sportivo | | |
| sposato | | |
| divorziato | | |

*Per prima cosa segnate con una crocetta le espressioni che si riferiscono a voi. Poi interrogate il vostro compagno e annotate le sue risposte. Quindi segnate quello che sapete, o immaginate, del vostro insegnante.*

*Esempi:*

A: Sei felice (oggi)?/E' felice (oggi)?
B: No. E tu?/No. E Lei?
A: Io sì./Neanch'io.

*oppure:*

A: E' felice l'insegnante (oggi)?
B: Sì./No./Non lo so.

*oppure:*

A: Sei felice (oggi)?/E' felice (oggi)?
B: Sì. E tu?/Sì. E Lei?
A: Anch'io./No, io no.

## Abitare a ..., essere di ..., andare a ...

*Mezzi linguistici*:  Dove abita la signora Busco? - Abita a ...
Di dov'è Marcello? - E' di ...
Dove lavora Silvia? - Lavora in, al, alla ...
Dove va in vacanza? -
Dove vai in vacanza? - Vado in, a ...

*Formulate le domande/Rispondete*

| | Dove? | Di dov'è? | Dove? | Dove? |
| | Abita a | E' di | Lavora | Va a/in |
|---|---|---|---|---|
| La signora Busco | | | banca | Lecco |
| Il signor Dotti | | Torino | FIAT | |
| Marcello | Napoli | | | Austria |
| Silvia | Ancona | Como | | |
| Voi | | | | |
| Il vostro partner | | | | |

## Abitare a ..., essere di ..., andare a ...

| *Mezzi linguistici*: | Dove abita la signora Busco? - Abita a ... |
|---|---|
| | Di dov'è Marcello? - E' di ... |
| | Dove lavora Silvia? - Lavora in, al, alla ... |
| | Dove va in vacanza? - |
| | Dove vai in vacanza? - Vado in, a ... |

*Formulate le domande/Rispondete*

| | Dove? Abita a | Di dov'è? E' di | Dove? Lavora | Dove? Va a/in |
|---|---|---|---|---|
| La signora Busco | Roma | Como | | |
| Il signor Dotti | Pinerolo | | | Monaco |
| Marcello | | Nola | posta | |
| Silvia | | | Comune | Canarie |
| Voi | | | | |
| Il vostro partner | | | | |

## Giornate

*Domandate al vostro partner gli elementi che vi mancano per completare la scheda.*
*Quindi rispondete alle sue domande.*

> *Esempi:* Che cosa sta facendo Maria adesso?
>          Che cosa fa domani?

*Ricordate che con "adesso" si usa la forma progressiva.*

| | adesso | stasera | domani | domenica | in vacanza |
|---|---|---|---|---|---|
| Maria | | fare i compiti | | | fare un corso di vela |
| Paolo | lavorare | | andare a un concerto | | fare un corso d'inglese |
| Bea e Bernardo | bisticciare | | andare al cinema | | |
| Io | | | | | |
| Il mio partner | | | | | |

# Giornate

*Domandate al vostro partner gli elementi che vi mancano per completare la scheda.*
*Quindi rispondete alle sue domande.*

*Esempi:* Che cosa sta facendo Paolo adesso?
Che cosa fa in vacanza?

*Ricordate che con "adesso" si usa la forma progressiva.*

|  | adesso | stasera | domani | domenica | in vacanza |
|---|---|---|---|---|---|
| Maria | studiare francese |  | lavorare a maglia | scrivere delle lettere |  |
| Paolo |  | andare a cena da amici |  | provare una ricetta |  |
| Bea e Bernardo |  | guardare la TV |  | fare una passeggiata | partecipare a una regata |
| Io |  |  |  |  |  |
| Il mio partner |  |  |  |  |  |

# 5A

## Facciamo la spesa

1. *Siete stati al supermercato "SMA" e avete segnato i prezzi di alcuni articoli. Adesso andate in un negozio per confrontarli. Chiedete al commesso i prezzi e annotateli.*

| | SMA | Negozio |
|---|---|---|
| 1 litro di latte | 1400 | |
| 1 tavoletta di cioccolata | 2220 | |
| 1 etto di prosciutto crudo | 2970 | |
| 1 kg di pane | 3500 | |
| 1 bottiglia di Chianti | 5900 | |
| 1 pacchetto di burro da 250g | 2750 | |
| 1 pacco di biscotti da 250g | 1900 | |
| 1 vasetto di yogurt | 790 | |
| 1 scatola di pomodori pelati | 950 | |
| 1 barattolo di olive verdi | 1450 | |

2. *Adesso confrontate i prezzi e comprate nel negozio gli articoli meno cari. Annotate quantità e prezzo di quello che comprate.*

*Esempio:*

| articolo | quantità | prezzo |
|---|---|---|
| biscotti | 2 pacchi | 3600 |
| | | |
| | | |
| | totale: | |

*Mezzi linguistici:*

1. Quanto costa / costano all'etto / al chilo?
   Quanto viene / vengono all'etto / al chilo?
   A quanto va / vanno …?
   Quant'è?
   Quanto Le devo?

2. Vorrei …
   Mi serve / servono …
   Mi dia …, per piacere.

## Facciamo la spesa

*1. Siete commesso in un negozio di alimentari. Un cliente vi domanda il prezzo di alcuni articoli. Ecco la lista:*

| | |
|---|---:|
| 1 etto di prosciutto crudo | 3300 |
| 1 pacchetto di burro da 250g | 2600 |
| 1 scatola di pomodori pelati | 1050 |
| 1 barattolo di olive verdi | 1400 |
| 1 kg di pane | 4000 |
| 1 bottiglia di Chianti | 6500 |
| 1 pacco di biscotti da 250g | 1800 |
| 1 vasetto di yogurt | 850 |
| 1 tavoletta di cioccolata | 2200 |
| 1 litro di latte | 1450 |

*2. Il cliente compra alcuni articoli. Annotate quantità e prezzo di quello che compra.*

*Esempio:*

| articolo | quantità | prezzo |
|---|---|---|
| biscotti | 2 pacchi | 3600 |
| | | |
| | | |
| | | |
| | | |
| | totale: | |

| | |
|---|---|
| *Mezzi linguistici:* | Altro? |
| | Ecco. |
| | E' tutto? / Basta così? |

## Com'è l'albergo?

| | Grand Hotel ***** | camere del Grand Hotel | Albergo Cipriani *** | camere del Cipriani |
|---|---|---|---|---|
| garage | + | | + | |
| piscina termale | | | | |
| biciclette da noleggiare | – | | + | |
| giardino | + | | + | |
| campi da tennis | | | | |
| sauna | + | | – | |
| servizio fax | | | | |
| TV a colori | | + | | – |
| aria condizionata | | | | |
| minibar | | + | | + |
| fiori | | | | |
| accappatoio | | + | | – |
| lenzuola di lino | | | | |

+ = sì    – = no

*Chiedete al vostro partner le informazioni che vi mancano per completare la scheda.*

*Esempi:*　　　　　　　　　　　　　　　　　　　　　*oppure:*

B: L'Hotel Cipriani ha il garage?　　　　　　　B: Nelle camere del Cipriani c'è il minibar?
A: Sì, ce l'ha. / No, non ce l'ha.　　　　　　　A: Sì, c'è. / No, non c'è.

B: Le camere del Cipriani hanno il minibar?　　A: Nelle camere del Cipriani ci sono i fiori?
A: Sì, ce l'hanno. / No, non ce l'hanno.　　　　B: Sì, ci sono. / No, non ci sono.

## Com'è l'albergo?

| | Grand Hotel ***** | camere del Grand Hotel | Albergo Cipriani *** | camere del Cipriani |
|---|---|---|---|---|
| garage | | | | |
| piscina termale | + | | − | |
| biciclette da noleggiare | | | | |
| giardino | | | | |
| campi da tennis | + | | − | |
| sauna | | | | |
| servizio fax | + | | − | |
| TV a colori | | | | |
| aria condizionata | | + | | − |
| minibar | | | | |
| fiori | | + | | − |
| accappatoio | | | | |
| lenzuola di lino | | + | | − |

+ = sì   − = no

*Chiedete al vostro partner le informazioni che vi mancano per completare la scheda.*

*Esempi:*

B: L'Hotel Cipriani ha il garage?
A: Sì, ce l'ha. / No, non ce l'ha.

B: Le camere del Cipriani hanno il minibar?
A: Sì, ce l'hanno. / No, non ce l'hanno.

*oppure:*

B: Nelle camere del Cipriani c'è il minibar?
A: Sì, c'è. / No, non c'è.

A: Nelle camere del Cipriani ci sono i fiori?
B: Sì, ci sono. / No, non ci sono.

## Hai bisogno di qualcosa?

*Due famiglie tedesche, i Wolf e i Wagner, quattro adulti e quattro ragazzi, più nonna Wagner, hanno preso in affitto insieme una villetta al mare a Donoratico per il mese di agosto. Il primo giorno tutti si rendono conto che mancano diversi utensili ed oggetti, alcuni dimenticati in Germania, altri, che avrebbero dovuto essere in dotazione della casa, non ci sono.*

Ecco la lista:

Il signor Wolf

la macchina fotografica

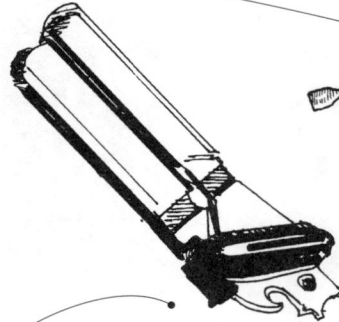
un apriscatole

un cacciavite

una spilla di sicurezza

Nicolas e Matthias Wolf

un pettine

Barbara e Stephanie Wagner

un videoregistratore

le forbici

la signora Wagner

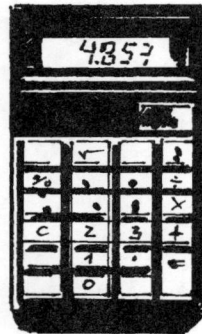
la calcolatrice tascabile

un fon

un ferro da stiro

la signora Wolf

il signor Wagner

nonna Wagner

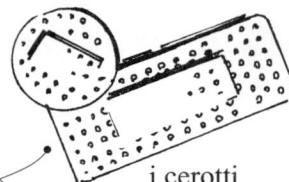
i cerotti

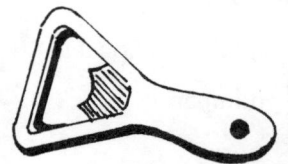
un apribottiglie

*Domandate al vostro partner che cosa manca a Nicolas e Matthias Wolf, alla signora e al signor Wagner e segnate le risposte sulla vostra scheda.*

---

*Mezzi lingiustici;*

B: Di che cosa ha bisogno …? – Sa di che cosa ha bisogno …?
   Che cosa gli / le serve? – Che cosa gli / le manca?
   Sa che cosa serve a …? – Sa che cosa manca a …?

A: Ha bisogno di … – Gli / Le manca … – Gli / Le mancano … – Gli / Le serve…
   Gli / Le servono…

## Hai bisogno di qualcosa?

*Due famiglie tedesche, i Wolf e i Wagner, quattro adulti e quattro ragazzi, più nonna Wagner, hanno preso in affitto insieme una villetta al mare a Donoratico per il mese di agosto. Il primo giorno tutti si rendono conto che mancano diversi utensili ed oggetti, alcuni dimenticati in Germania, altri, che avrebbero dovuto essere in dotazione della casa, non ci sono.*

Ecco la lista:

Il signor Wolf

la macchina fotografica

un cacciavite

una spilla di sicurezza

Nicolas e Matthias Wolf

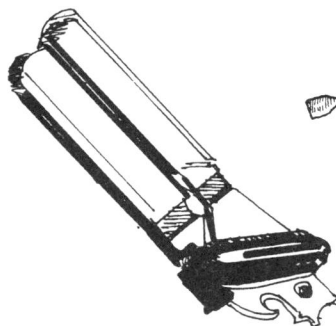

un apriscatole

Barbara e Stephanie Wagner

un pettine

un videoregistratore

le forbici

la signora Wagner

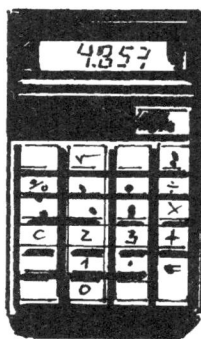

la calcolatrice tascabile

la signora Wolf

un fon

un ferro da stiro

il signor Wagner

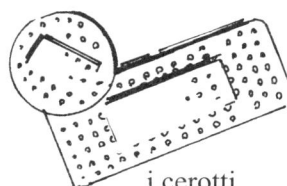

nonna Wagner

i cerotti

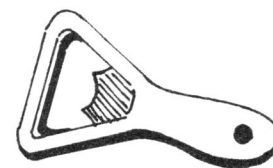

un apribottiglie

*Domandate al vostro partner che cosa manca al signor Wolf, a Barbara e Stephanie Wagner, alla signora Wolf e a nonna Wagner e segnate le risposte sulla vostra scheda.*

---

*Mezzi lingiustici;*

A: Di che cosa ha bisogno …? – Sa di che cosa ha bisogno …?
   Che cosa gli / le serve? – Che cosa gli / le manca?
   Sa che cosa serve a …? – Sa che cosa manca a …?

B: Ha bisogno di … – Gli / Le manca … – Gli / Le mancano … – Gli / Le serve…
   Gli / Le servono…

# 8A

## A che ora?

| | Leo Giusti 23 anni, discjockey | Lia Calvi 15 anni studentessa di liceo | voi | il vostro partner |
|---|---|---|---|---|
| svegliarsi | 🕐 | 🕐 | 🕐 | 🕐 |
| fare colazione | 🕐 | 🕐 | 🕐 | 🕐 |
| uscire di casa | 🕐 | 🕐 | 🕐 | 🕐 |
| cominciare a lavorare / entrare a scuola | 🕐 | 🕐 | 🕐 | 🕐 |
| pranzare | 🕐 | 🕐 | 🕐 | 🕐 |
| finire di lavorare / rientrare da scuola | 🕐 | 🕐 | 🕐 | 🕐 |
| cenare | 🕐 | 🕐 | 🕐 | 🕐 |
| andare a dormire | 🕐 | 🕐 | 🕐 | 🕐 |

*Domandate al vostro partner le informazioni che vi mancano e completate la scheda.*

| *Esempio:* | B: A che ora si sveglia il signor Giusti? |
|---|---|
| | A: Alle 13.30. |

# A che ora?

| | Leo Giusti 23 anni, discjockey | Lia Calvi 15 anni studentessa di liceo | voi | il vostro partner |
|---|---|---|---|---|
| svegliarsi | | | | |
| fare colazione | | | | |
| uscire di casa | | | | |
| cominciare a lavorare / entrare a scuola | | | | |
| pranzare | | | | |
| finire di lavorare / rientrare da scuola | | | | |
| cenare | | | | |
| andare a dormire | | | | |

*Domandate al vostro partner le informazioni che vi mancano e completate la scheda.*

| *Esempio:* | A: A che ora si sveglia Lia? |
|---|---|
| | B: Alle 6.50. |

# 9A

## Famiglia

|  |  | Laura | Piero | Isabella e Luca |
|---|---|---|---|---|
| Padre: | Nome | Andrea Lotti | Carlo Duse | |
| | Età | 49 | | 42 |
| | Professione | | operaio | impiegato di banca |
| Madre: | Nome | Anna Lotti | | |
| | Età | | 51 | |
| | Professione | | casalinga | infermiera |
| Zio: | Nome | | Ugo Bassi | |
| | Età | 58 | | |
| | Professione | | | ottico |
| | Città | Genova | | San Remo |
| Zia: | Nome | Eva Russo | | |
| | Età | | 36 | |
| | Professione | | | giornalista |
| | Città | Lucca | | Catania |

*1. Domandate al vostro partner le informazioni che vi mancano.*

*Esempio:*

A: Conosci / conosce Isabella e Luca? – B: Sì, certo.
A: Come si chiama il loro padre? – B: Daniele Tosi.
A: E la loro madre? …
A: E quanti anni ha? Qual è la sua professione? …

*Continuate così:*
Suo padre / Il loro padre si chiama … Ha … anni.
E' …, ecc.

---

*2. Intervistate ora il vostro partner e segnate le sue risposte:*

Come si chiama Suo/tuo padre? _____

E Sua/tua madre? _____

Qual è la professione di Suo/tuo padre? _____

Che età ha? _____

E Sua/tua madre? _____

Qual è la sua professione? _____

## Famiglia

| | | Laura | Piero | Isabella e Luca |
|---|---|---|---|---|
| **Padre:** | Nome | | | Daniele Tosi |
| | Età | | 50 | |
| | Professione | architetto | | |
| **Madre:** | Nome | | Sofia Duse | Dina Tosi |
| | Età | 47 | | 43 |
| | Professione | ragioniera | | |
| **Zio:** | Nome | Piero Tucci | | Pino Silvestri |
| | Età | | 46 | 33 |
| | Professione | meccanico | autista | |
| | Città | | Savona | |
| **Zia:** | Nome | | Nicoletta Bai | Silvia Mari |
| | Età | 44 | | 31 |
| | Professione | casalinga | insegnante | |
| | Città | | Livorno | |

*1. Domandate al vostro partner le informazioni che vi mancano.*

*Esempio:*

B: Conosci / conosce Piero? – A: Sì, certo.
B: Come si chiama suo padre? – A: Carlo Duse.
A: E sua madre come si chiama? …
B: E quanti anni ha? Qual è la sua professione? …

*Continuate così:*
Suo padre / Il loro padre si chiama … Ha … anni.
E' …, ecc.

*2. Intervistate ora il vostro partner e segnate le sue risposte:*

Come si chiama Suo/tuo padre?  _____

E Sua/tua madre?  _____

Qual è la professione di Suo/tuo padre?  _____

Che età ha?  _____

E Sua/tua madre?  _____

Qual è la sua professione?  _____

## Indovina cos'è!

*Natale è appena passato e tutti hanno ricevuto dei regali. Cercate di indovinarne uno ricevuto dal vostro partner.*
*Per formulare le domande potete aiutarvi con questo schema:*

| E' di | E' qualcosa di | E' | Lo tiene |
|---|---|---|---|
| - metallo | - nuovo | - pesante/leggero | - in cucina |
| - legno | - usato | - liquido/solido | - in bagno |
| - plastica | - utile | - grande/piccolo | - in cantina |
| - pelle | - superfluo | - duro/molle | - in giardino |
| - carta/cartone | - decorativo | - spesso/sottile | - addosso |
| - stoffa | … | - lungo/corto | … |
| - vetro | | … | |
| … | | | |

| Si usa | Lo usa | Serve per | Si beve |
|---|---|---|---|
| - nel tempo libero | - regolarmente | - scrivere | Si mangia |
| - al lavoro | - raramente | - cucinare | Si legge |
| - in casa | - spesso | - lavorare | Si indossa |
| - all'aria aperta | - ogni giorno | - riposare | Si fuma |
| … | … | … | … |

*Adesso chiedete al vostro partner di indovinare il regalo più originale che avete ricevuto.*
*Potete rispondere con sì, no, dipende o espressioni simili.*

# Indovina cos'è!

*Natale è appena passato e tutti hanno ricevuto dei regali. Chiedete al vostro partner di indovinarne uno da voi ricevuto che avete trovato originale. Potete rispondere con **sì, no, dipende** o espressioni simili.*

*Adesso cercate voi di indovinare il regalo ricevuto dal vostro partner. Per formulare le domande potete aiutarvi con questo schema:*

| E' di | E' qualcosa di | E' | Lo tiene |
|---|---|---|---|
| - metallo | - nuovo | - pesante/leggero | - in cucina |
| - legno | - usato | - liquido/solido | - in bagno |
| - plastica | - utile | - grande/piccolo | - in cantina |
| - pelle | - superfluo | - duro/molle | - in giardino |
| - carta/cartone | - decorativo | - spesso/sottile | - addosso |
| - stoffa | ... | - lungo/corto | ... |
| - vetro | | ... | |
| ... | | | |

| Si usa | Lo usa | Serve per | Si beve |
|---|---|---|---|
| - nel tempo libero | - regolarmente | - scrivere | Si mangia |
| - al lavoro | - raramente | - cucinare | Si legge |
| - in casa | - spesso | - lavorare | Si indossa |
| - all'aria aperta | - ogni giorno | - riposare | Si fuma |
| ... | ... | ... | ... |

**Giudizi**

| | Dario | Marina | Voi | Il vostro partner |
|---|---|---|---|---|
| la scuola | | fantastica | | |
| viaggiare in aereo | | emozionante | | |
| il calcio | interessante | | | |
| questo esercizio | divertente | | | |
| la TV | | volgare | | |
| la propria città | bellissima | | | |
| la propria casa | | comoda | | |
| la musica classica | noiosa | | | |
| l'arte moderna | strana | | | |
| i film di Fellini | stupendi | | | |
| il jazz | | non le piace affatto | | |

*1. Domandate al vostro partner quello che Dario e Marina pensano e segnate le loro risposte.*

*Esempio:*

A: Come trova la scuola Dario?
B: Barbosa!

---

*2. Adesso annotate le vostre opinioni e quelle del vostro partner.*

*Esempio:*

A: Come ti sembrano i film di Fellini?
   Come trova i film di Fellini?

*Mezzi linguistici*

| | | | |
|---|---|---|---|
| ++ | fantastico | - | boh! |
| ++ | splendido | - | non interessante |
| ++ | magnifico | - | noioso |
| ++ | formidabile | - | strano |
| ++ | stupendo | -- | stupido |
| ++ | bellissimo | -- | barboso |
| + | bello | -- | idiota |
| + | interessante | -- | orribile |
| + | non c'è male | -- | terribile |
| + | così così | -- | volgare |
| + - | non lo so | -- | non mi piace |
| + - | dipende | | affatto |

## Giudizi

|  | Dario | Marina | Voi | Il vostro partner |
|---|---|---|---|---|
| la scuola | barbosa | | | |
| viaggiare in aereo | bellissimo | | | |
| il calcio | | stupido | | |
| questo esercizio | | interessante | | |
| la TV | stupida | | | |
| la propria città | | provinciale | | |
| la propria casa | orribile | | | |
| la musica classica | | bellissima | | |
| l'arte moderna | | splendida | | |
| i film di Fellini | | strani | | |
| il jazz | fantastico | | | |

*1. Domandate al vostro partner quello che Dario e Marina pensano e segnate le loro risposte.*

*Esempio:*

B: Come trova la scuola Marina?
A: Fantastica!

---

*2. Adesso annotate le vostre opinioni e quelle del vostro partner.*

*Esempio:*

A: Come ti sembrano i film di Fellini?
Come trova i film di Fellini?

*Mezzi linguistici*

| ++ | fantastico | - | boh! |
|---|---|---|---|
| ++ | splendido | - | non interessante |
| ++ | magnifico | - | noioso |
| ++ | formidabile | - | strano |
| ++ | stupendo | -- | stupido |
| ++ | bellissimo | -- | barboso |
| + | bello | -- | idiota |
| + | interessante | -- | orribile |
| + | non c'è male | -- | terribile |
| + | così così | -- | volgare |
| + - | non lo so | -- | non mi piace |
| + - | dipende | | affatto |

## Pronto, chi parla?

*Utilizzando le espressioni sottoelencate, effettuate le telefonate contrassegnate con la lettera T. Alle telefonate del vostro partner risponderete utilizzando invece i fumetti con la lettera R.*

(R)
2347210
Siete Luisa Santini. Avete inserito la segreteria telefonica perché non siete in casa. Se qualcuno vuole lasciare un messaggio, può parlare dopo il segnale acustico.

(T)
12 (Informazioni Telefoniche Nazionali)
Desiderate il numero di telefono di Maria Giufra di Genova.

(T)
5876691
Volete parlare con il vostro amico Giulio Salieri.

(R)
2901045
Siete la segretaria del Sig. Rossini. Il vostro capo è in riunione.

(R)
28710099
Siete la segretaria del Dott. Villa. Telefona una paziente. Le date un appuntamento raccomandandole di essere puntuale.

(T)
78563009
Siete Gianni. Volete parlare con la vostra amica Lucia Dassio per invitarla al cinema.

---

*Mezzi linguistici:*

– Pronto?

– Chi parla?

– C'è...?

– Posso parlare con...?

– Chi lo cerca?

– Con chi parlo?

– Non la sento bene. Parli più forte.

– Può ripetere per favore?

– Come ha detto, scusi?

– Mi dispiace, ma non c'è.

– Gli/Le posso lasciare un messaggio?

– Vuole lasciare un messaggio?

– Quando lo/la posso trovare?

– Guardi che ha sbagliato numero!

– Mi scusi, ho sbagliato.

– Allora richiamo più tardi.

## Pronto, chi parla?

*Utilizzando le espressioni sottoelencate, effettuate le telefonate contrassegnate con la lettera T. Alle telefonate del vostro partner, risponderete utilizzando invece i fumetti con la lettera R.*

(T)
2901045
Volete parlare con il sig. Rossini.
Sono due giorni che lo cercate disperatamente.
E' molto importante.

(R)
12
Siete telefonista alle Informazioni Telefoniche Nazionali.
Attenzione: la linea è molto disturbata e si sente malissimo.

(T)
28710099
Vi sentite malissimo. Chiamate lo studio del Dott. Villa perché volete un appuntamento con urgenza.

(R)
78563009
Siete Lucia. Siete a pezzi e volete andare a dormire presto.

(R)
5876691
Da due mesi avete preso in affitto l'appartamento del signor Salieri, che adesso ha un nuovo numero:
5876992

(T)
2347210
La vostra ragazza è Luisa.
Le telefonate per dirle che l'adorate e l'amate appassionatamente.
E' urgente!

---

*Mezzi linguistici:*

– Pronto?
– Chi parla?
– C'è…?
– Posso parlare con…?
– Chi lo cerca?
– Con chi parlo?
– Non la sento bene. Parli più forte.
– Può ripetere per favore?

– Come ha detto, scusi?
– Mi dispiace, ma non c'è.
– Gli/Le posso lasciare un messaggio?
– Vuole lasciare un messaggio?
– Quando lo/la posso trovare?
– Guardi che ha sbagliato numero!
– Mi scusi, ho sbagliato.
– Allora richiamo più tardi.

## ...patia e antipatia

*Scrivete il vostro parere su queste persone sulla linea A.*
*Poi domandate al vostro partner la sua opinione e segnatela*
*sulla linea B.*

molto simpatico
veramente simpatico
attraente
carino
divertente
non c'è male
stupido
insignificante
terribile
antipatico
………

*Mezzi linguistici:*

A: Che cosa ne pensi / pensa di …?
   Come trovi / trova …?
B: Lo/la trovo attraente.

| Signora Luchini | Raffaele | Natalia | Michele |

A _____ _____ _____ _____

B _____ _____ _____ _____

| Nina | Signor Cuomo | Cristina | Antonio |

A _____ _____ _____ _____

B _____ _____ _____ _____

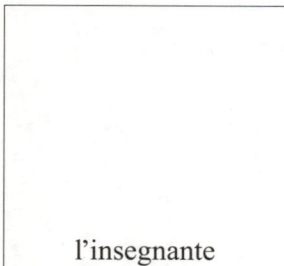 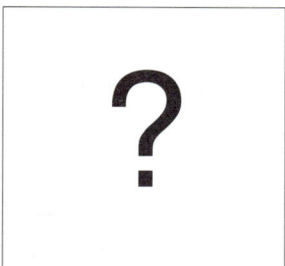

| l'insegnante | ? |

A _____ _____

B _____ _____

## Simpatia e antipatia

*Scrivete il vostro parere su queste persone sulla linea A.*
*Poi domandate al vostro partner la sua opinione e segnatela*
*sulla linea B.*

molto simpatico
veramente simpatico
attraente
carino
divertente
non c'è male
stupido
insignificante
terribile
antipatico
.........

*Mezzi linguistici:*

A: Che cosa ne pensi / pensa di …?
   Come trovi / trova …?
B: Lo/la trovo attraente.

Signora Luchini

Raffaele

Natalia

Michele

A _____

B _____

Nina

Signor Cuomo

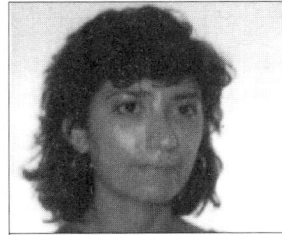

Cristina

Antonio

A _____

B _____

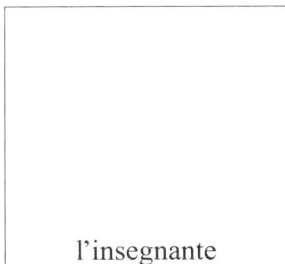

l'insegnante

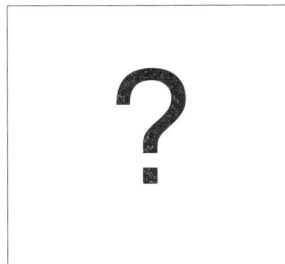

?

A _____

B _____

Future

## Propositi per l'anno nuovo

*E' la sera del 31 dicembre. Siete a un veglione di Capodanno. Uno dei giochi di società prevede che ogni partecipante esprima un proposito per l'anno nuovo. A causa della confusione non siete riusciti a sentire tutti i partecipanti. Fatevi raccontare i loro propositi dal vostro partner.*

*Esempio:*  A: Che cosa farà Valeria l'anno prossimo?
B: Finirà finalmente la tesi di laurea.

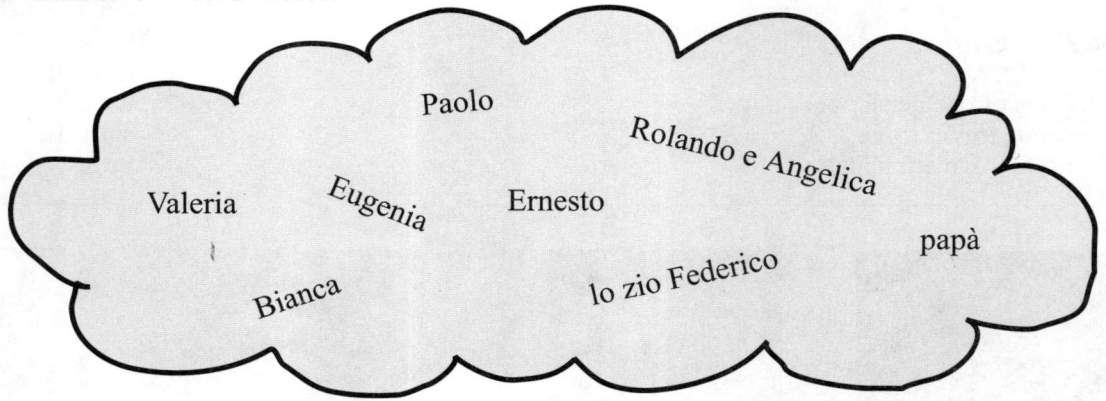

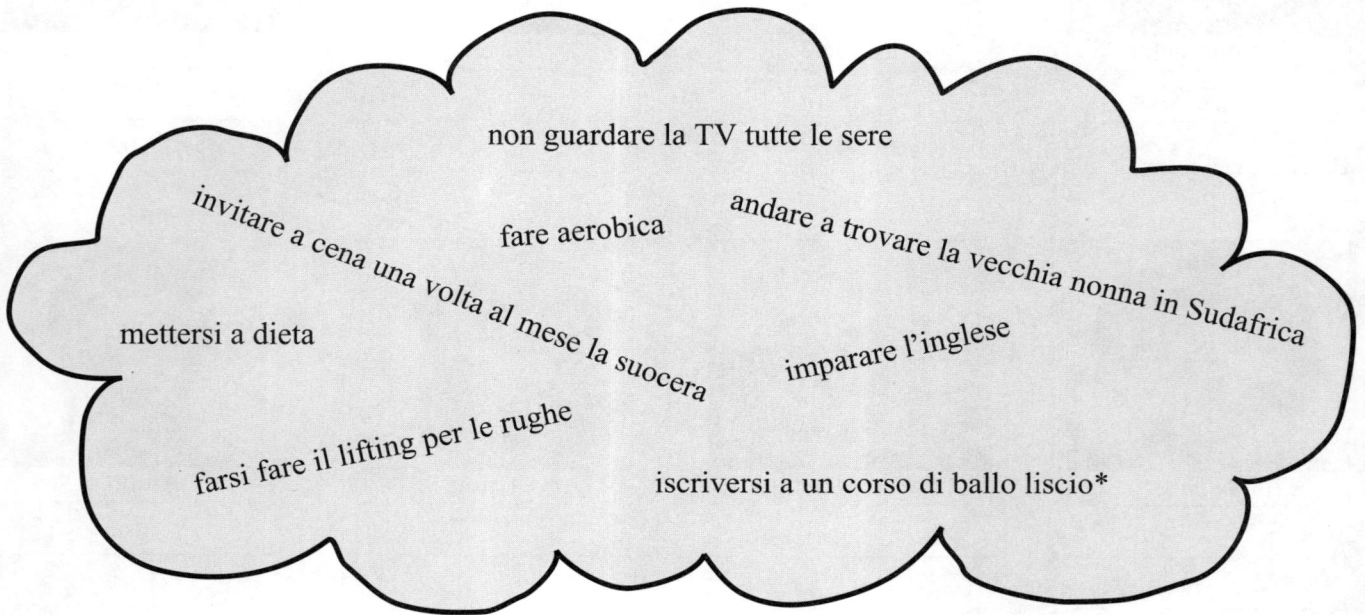

Paolo

Rolando e Angelica

Valeria    Eugenia    Ernesto

papà

Bianca    lo zio Federico

non guardare la TV tutte le sere

fare aerobica    andare a trovare la vecchia nonna in Sudafrica

invitare a cena una volta al mese la suocera

mettersi a dieta    imparare l'inglese

farsi fare il lifting per le rughe

iscriversi a un corso di ballo liscio*

| Voi | ................................................................................................ |
| | ................................................................................................ |
| | ................................................................................................ |
| Il vostro partner | ................................................................................................ |
| | ................................................................................................ |
| | ................................................................................................ |

*) Ballo tradizionale come valzer, mazurka, polka

## Propositi per l'anno nuovo

*E' la sera del 31 dicembre. Siete a un veglione di Capodanno. Uno dei giochi di società prevede che ogni parteci-
pante esprima un proposito per l'anno nuovo. A causa della confusione non siete riusciti a sentire tutti i partecipanti. Fatevi raccontare i loro propositi dal vostro partner.*

*Esempio:* B: Che cosa farà Aldo l'anno prossimo?
A: Andrà a trovare la vecchia nonna in Sudafrica.

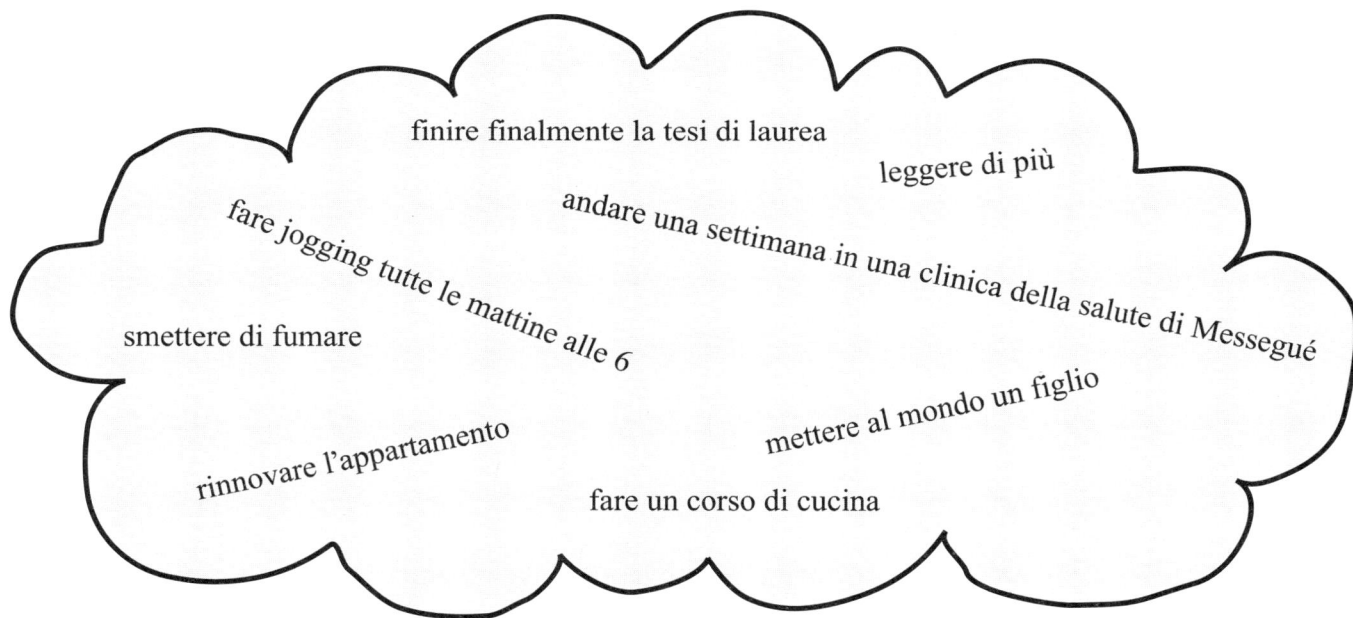

mamma

Bernardo e Mariella

I Colli     Piera Guerrini     Giorgio

Aldo

Francesca     la zia Enrica

finire finalmente la tesi di laurea

leggere di più

andare una settimana in una clinica della salute di Messegué

fare jogging tutte le mattine alle 6

smettere di fumare

mettere al mondo un figlio

rinnovare l'appartamento

fare un corso di cucina

| Voi | ............................................................................................................ |
| | ............................................................................................................ |
| | ............................................................................................................ |
| Il vostro partner | ............................................................................................................ |
| | ............................................................................................................ |
| | ............................................................................................................ |

## Cosa fanno?

*Chiedete al vostro partner le informazioni che vi mancano per completare la tabella e poi rispondete alle sue domande.*

*Esempio:*

B: Che cosa fa la signora Tonin quando è malata?
A: Non va al lavoro.
*o:*
B: Che cosa fa il signor Careddu quando è arrabbiato?
A: Di solito bisticcia con la moglie.

| | avere tempo | essere malato | essere arrabbiato | avere un po' di soldi da parte | essere un po' brillo |
|---|---|---|---|---|---|
| Signor Cardi | | non mangiare | | | parlare ebraico |
| Signora Tonin | andare a ballare | non andare al lavoro | | andare al ristorante | |
| Signora Loi | | | sbattere le porte | comprare dei libri | |
| Signor Salieri | scrivere delle lettere | prendere delle medicine | | | bere un caffè amaro |
| Signora Vialli | | | fare un bagno caldo | | ridere come una pazza |
| Signor Careddu | lavare i piatti | | bisticciare con la moglie | comprare dei dischi | |
| Voi | | | | | |
| Il vostro partner | | | | | |

## Cosa fanno?

*Chiedete al vostro partner le informazioni che vi mancano per completare la tabella e poi rispondete alle sue domande.*

*Esempio:*

A: Che cosa fa il signor Cardi quando ha tempo?
B: Di solito fa i cruciverba.
*o:*
A: Che cosa fa la signora Vialli quando è malata?
B: Beve delle tisane.

| | avere tempo | essere malato | essere arrabbiato | avere un po' di soldi da parte | essere un po' brillo |
|---|---|---|---|---|---|
| Signor Cardi | fare i cruciverba | | chiudersi in camera | andare in Israele | |
| Signora Tonin | | | urlare | | parlare dei suoi corteggiatori |
| Signora Loi | giocare a pallavolo | preoccuparsi | | | recitare poesie |
| Signor Salieri | | | mangiarsi le unghie | prenotare un viaggio in barca a vela | |
| Signora Vialli | andare in chiesa | bere tisane | | fare beneficenza | |
| Signor Careddu | | stare a letto | | | cantare a squarciagola |
| Voi | | | | | |
| Il vostro partner | | | | | |

## Conosci la signora ...?

| | (1) Signora Torelli | (2) Signora Girotti | (3) Partner |
|---|---|---|---|
| domicilio? | Via Pace 2/8 Milano | | |
| luogo di nascita? | Brescia | | |
| data di nascita? | 11. 10. 1953 | | |
| stato civile? | divorziata | | |
| figli? | tre | | |
| professione? | medico | | |
| nome del padre? | Lino Torelli | | |
| nome della madre? | Marta Rei | | |
| orario di lavoro? | variabile | | |
| stipendio? | 4.250.000 lire | | |
| macchina? | Volvo | | |
| hobby? | alpinismo | | |
| piatto preferito? | risotto | | |
| problemi? | poco tempo per i figli | | |

1. Desiderate delle informazioni sulla signora Girotti. Chiedetele, formulando le domande in modo colloquiale, al vostro partner. Annotatene le risposte.

2. Il vostro partner vorrebbe invece delle informazioni sulla signora Torelli. Rispondete alle sue domande.

3. Rivolgete quindi le stesse domande al vostro partner.

| *Mezzi linguistici:* | – Dove abita la signora ...? |
|---|---|
| | – Dov'è nata? |
| | – Quanti anni ha? |
| | – E' sposata? |

## Conosci la signora . . . ?

| | (1) Signora Torelli | (2) Signora Girotti | (3) Partner |
|---|---|---|---|
| domicilio? | | Via Ponza 32 Napoli | |
| luogo di nascita? | | Formia | |
| data di nascita? | | 12. 7. 1971 | |
| stato civile? | | coniugata | |
| figli? | | nessuno | |
| professione? | | grafica | |
| nome del padre? | | Mario Girotti | |
| nome della madre? | | Lia Nasca | |
| orario di lavoro? | | 8 ore al giorno | |
| stipendio? | | 1.530.000 lire | |
| macchina? | | Fiat Uno | |
| hobby? | | nuoto | |
| piatto preferito? | | minestrone | |
| problemi? | | insonnia | |

1. Desiderate delle informazioni sulla signora Torelli. Chiedetele, formulando le domande in modo colloquiale, al vostro partner. Annotatene le risposte.

2. Il vostro partner vorrebbe invece delle informazioni sulla signora Girotti. Rispondete alle sue domande.

3. Rivolgete quindi le stesse domande al vostro partner.

| *Mezzi linguistici:* | – Dove abita la signora . . . ?<br>– Dov'è nata?<br>– Quanti anni ha?<br>– E' sposata? |
|---|---|

## In albergo

*Prima di incominciare la conversazione, costruite mentalmente il vostro personaggio.*
*Se siete il cliente immaginate, in rapporto alla categoria di albergo indicatavi, quali sono le vostre aspettative ed esigenze in termini di pulizia, gentilezza del personale, silenzio, luminosità, comfort ecc.*
*Siete in una situazione di necessità o siete disposti a cercare altrove?*
*Se lavorate alla reception, immaginate che tipo di conduzione ha l'albergo e come si presentano le camere che potete offrire.*
*Ricordate che, usando la fantasia, la conversazione potrà durare parecchi minuti!*

1.
Lavorate alla reception dell'hotel Rimini (\*\*). E' alta stagione e l'hotel è quasi al completo.
Vi restano ancora:
– una camera a due letti senza bagno (60.000 lire),
– una camera matrimoniale con un terzo letto, con bagno (90.000 lire),
– una camera singola con bagno (70.000 lire).
E' molto tardi. Arriva un cliente.

2.
Sono le undici di sera. Arrivate in albergo (\*\*\*\*) e volete una camera singola con bagno e telefono. Siete il direttore di una piccola azienda, in giro per lavoro. Volete restare due notti. Tutti gli alberghi della città sono al completo.

3.
Lavorate alla reception di un hotel (\*\*\*) in una località balneare. L'hotel è quasi al completo.
Restano:
– una camera matrimoniale con bagno e vista sul mare (120.000 lire), libera per tre giorni,
– una camera a due letti con bagno che dà sul cortile (90.000 lire).
Arriva un cliente.

4.
Arrivate molto tardi in albergo (\*\*). Avete prenotato telefonicamente, venti giorni fa, una camera singola con bagno, per quattro notti. Avevate chiesto espressamente una camera molto tranquilla. Vi chiamate Poletti.

## In albergo

*Prima di incominciare la conversazione, costruite mentalmente il vostro personaggio.*
*Se siete il cliente immaginate, in rapporto alla categoria di albergo indicatavi, quali sono le vostre aspettative ed esigenze in termini di pulizia, gentilezza del personale, silenzio, luminosità, comfort ecc.*
*Siete in una situazione di necessità o siete disposti a cercare altrove?*
*Se lavorate alla reception, immaginate che tipo di conduzione ha l'albergo e come si presentano le camere che potete offrire.*
*Ricordate che, usando la fantasia, la conversazione potrà durare parecchi minuti!*

1.
Vi siete recati già in due alberghi (***), ma li avete trovati completi.
Arrivate all'hotel Rimini (**). E' molto tardi. Vostra moglie / vostro marito aspetta in macchina.
Domandate alla reception se c'è una camera doppia con bagno, per tre notti.

2.
Lavorate alla reception di un hotel (****). Siete al completo. Non vi resta che una suite con camera matrimoniale e salotto, ma solo per una notte: dal giorno dopo è prenotata da un cliente importante (350.000 lire). E' molto tardi.
Arriva un cliente.

3.
Arrivate in un albergo (***). Volete una camera a tre letti per voi, vostra moglie e il bambino di otto anni, con bagno.
Restate cinque giorni.

4.
Lavorate alla reception di un albergo (**). Siete quasi al completo. Avete solamente:
– una camera matrimoniale con bagno, che dà sulla strada, molto rumorosa (70.000 lire),
– una camera singola senza bagno prenotata per quattro giorni da oggi da un cliente, il signor Poletti.
Arriva il cliente e dice di aver prenotato una camera singola con bagno.

## Senta, scusi …

*Per porre le domande scegliete una delle
seguenti espressioni:*

> Senta, scusi,
> – mi sa dire …?
> – può dirmi …?
> – vorrei sapere se …
> – volevo sapere se …

*Per rispondere scegliete una delle
seguenti espressioni:*

> – Mi dispiace, non lo so.
> – Ah no, non è possibile.
> – Beh, guardi …
> – Sì, certo.
> – La ringrazio. / Grazie mille.
> – Prego. / Si figuri. / Non c'è di che.

*Le domande e le risposte date sono tracce. Arricchitele con la fantasia.*

1. Siete alla stazione di Cuneo e volete andare a Roma.
   Chiedete all'impiegato dell'Ufficio Informazioni:

   > Prossimo treno per Roma?
   > Altri treni in giornata?
   > A che ora?
   > Cambiare? Dove?

2. Lavorate all'Opera Universitaria*.
   Uno studente, che cerca una camera, vi domanda alcune informazioni.
   Gli rispondete:

   > Non prima di luglio
   > 350.000 lire
   > Riscaldamento a parte.
   > Non lo so.

3. Avete un appuntamento con un amico davanti a un cinema, ma siete in ritardo.
   Domandate al cassiere:

   > Film già iniziato?
   > Possibile entrare un minuto (senza pagare) a cercare l'amico?
   > Fine del film: quando?

4. Lavorate alla segreteria di una palestra.
   Telefona un possibile cliente e vi chiede delle informazioni su un corso di Jazz Dance.
   Gli rispondete:

   > Sì, sera.
   > 20 ottobre, lunedì, per quindici volte.
   > 19.00 – 20.30
   > 300.000 lire.

---

*) Ufficio dell'Università che offre vari servizi agli studenti.

## Senta, scusi …

*Per porre le domande scegliete una delle*
*seguenti espressioni:*

> Senta, scusi,
> – mi sa dire …?
> – può dirmi …?
> – vorrei sapere se …
> – volevo sapere se …

*Per rispondere scegliete una delle*
*seguenti espressioni:*

> – Mi dispiace, non lo so.
> – Ah no, non è possibile.
> – Beh, guardi …
> – Sì, certo.
> – La ringrazio. / Grazie mille.
> – Prego. / Si figuri. / Non c'è di che.

*Le domande e le risposte date sono tracce. Arricchitele con la fantasia.*

1. Siete impiegati all'Ufficio Informazioni della stazione di Cuneo.
   Il vostro partner vuole andare a Roma.
   Voi consultate l'orario e gli fornite le informazioni richieste:

   > Proprio in questo momento.
   > Sì, ma non diretti, bisogna cambiare.
   > 14.18
   > Sì. A Genova

2. Siete studenti e siete venuti all'Opera Universitaria* per sapere se è possibile avere una camera.
   Il vostro partner lavora lì e vi dà le informazioni:

   > Camere libere?
   > Quanto al mese?
   > Riscaldamento incluso?
   > Cauzione?

3. Siete cassieri in un cinema.
   Arriva qualcuno e vi pone delle domande.
   Rispondete:

   > Sì, 25 minuti fa.
   > No, assolutamente.
   > 21.00

4. Siete interessati ad un corso di Jazz Dance.
   Telefonate ad una palestra e chiedete informazioni:

   > Jazz Dance?
   > Giorno d'inizio?
   > Orario?
   > Prezzo?

---

*) Ufficio dell'Università che offre vari servizi agli studenti.

# 19A

## Hai mai fatto ...?

*Scoprite se il vostro partner ha mai fatto, o se gli è mai successa, una di queste cose. Create i dialoghi liberamente.*

*Esempio:*

A: Sei mai andato a cavallo?
B: No, mai. E tu, dimmi, hai mai fatto sci di fondo?
A: Sì.
B: Quando l'hai fatto la prima volta?
A: L'inverno scorso.
B: E dov'eri?
A: In Val d'Aosta.
B: Ti è piaciuto?
A: No, per niente, mi sono slogato una caviglia.

*Attenzione all'uso del passato prossimo e dell'imperfetto.*

Trovarsi in mezzo a una tempesta di sabbia

Visitare le isole Eolie

Mangiare ostriche

Essere coinvolti in un incidente automobilistico

Essere membri di una giuria

Trovare soldi per strada

Essere morsi da un cane

Fare pesca subacquea

Bere il Campari

Guidare un camper

Essere fermati dalla polizia

Andare a Roma

Partecipare a un concorso di bellezza

## Hai mai fatto ...?

*Scoprite se il vostro partner ha mai fatto, o se gli è mai successa, una di queste cose. Create i dialoghi liberamente.*

---

*Esempio:*

A:  – Sei mai andato a cavallo?
B:  – No, mai. E tu, dimmi, hai mai fatto sci di fondo?
A:  – Sì.
B:  – Quando l'hai fatto la prima volta?
A:  – L'inverno scorso.
B:  – E dov'eri?
A:  – In Val d'Aosta.
B:  – Ti è piaciuto?
A:  – No, per niente, mi sono slogato una caviglia.

---

*Attenzione all'uso del passato prossimo e dell'imperfetto.*

Andare in motocicletta

Trovarsi in mezzo a un uragano

Essere graffiati da un gatto

Bere champagne a colazione

Leggere un libro di Natalia Ginzburg

Visitare i Musei Vaticani

Fare sci acquatico

Fare surf

Guidare una Ferrari

Cucinare cozze

Essere bocciati a un esame

Mangiare lumache

Andare all'estero

# 20A

## Ti va di fare qualcosa insieme?

*Questa settimana volete organizzare qualcosa con un vostro compagno del corso di italiano.*
*Compilate prima l'agenda con i vostri impegni di questa settimana, poi fate una proposta al vostro partner*
*e cercate di fissare un appuntamento.*

*Mezzi linguistici:*

– Hai/Ha voglia di . . . ?
– Ti va/Le va di . . . ?
– Perché non andiamo . . . ?
– Sei libero/E' libero alle . . . ?
– Dove lo danno? (Per un film)
– Quale spettacolo preferisci?
– Mi dispiace, ma a quell'ora non posso. /Devo . . . /Ho . . .
– Ah no, mi dispiace alle . . . non posso, voglio . . .
– A quell'ora non posso io. Peccato!

|  | lunedì | martedì | mercoledì | giovedì | venerdì | sabato | domenica |
|---|---|---|---|---|---|---|---|
| 15.00 – 18.00 |  |  |  |  |  |  |  |
| 18.00 – 20.00 |  |  |  |  |  |  |  |
| 20.00 – 22.00 |  |  |  |  |  |  |  |

## Ti va di fare qualcosa insieme?

*Questa settimana volete organizzare qualcosa con un vostro compagno del corso di italiano.*
*Compilate prima l'agenda con i vostri impegni di questa settimana, poi fate una proposta al vostro partner*
*e cercate di fissare un appuntamento.*

*Mezzi linguistici:*

- Hai/Ha voglia di . . .?
- Ti va/Le va di . . .?
- Perché non andiamo . . .?
- Sei libero/E'libero alle . . .?
- Dove lo danno? (Per un film)
- Quale spettacolo preferisci?
- Mi dispiace, ma a quell'ora non posso. /Devo . . ./Ho . . .
- Ah no, mi dispiace alle . . . non posso, voglio . . .
- A quell'ora non posso io. Peccato!

|  | lunedì | martedì | mercoledì | giovedì | venerdì | sabato | domenica |
|---|---|---|---|---|---|---|---|
| 15.00 – 18.00 |  |  |  |  |  |  |  |
| 18.00 – 20.00 |  |  |  |  |  |  |  |
| 20.00 – 22.00 |  |  |  |  |  |  |  |

# 21A

## Abbreviazioni

*Che cosa significano queste abbreviazioni?*
*Consultatevi con il vostro partner per scoprire le definizioni mancanti.*

### 1. Sigle automobilistiche internazionali e italiane:

| | | |
|---|---|---|
| A | – | Austria |
| E | – | |
| P | – | |
| CH | – | Svizzera |
| GB | – | Gran Bretagna |
| B | – | |
| D | – | |
| DK | – | Danimarca |
| NL | – | Olanda |
| PA | – | |
| BZ | – | |
| BO | – | Bologna |
| BA | – | |
| MI | – | Milano |
| GE | – | Genova |
| FI | – | |
| TO | – | Torino |

### 2. In una lettera o in un testo:

| | | |
|---|---|---|
| p. es. | – | per esempio |
| Vs. | – | |
| ns. | – | |
| c. a. | – | corrente anno |
| c. m. | – | |
| c/o | – | presso |
| r. s. v. p. | – | si prega di rispondere (dal francese) |

### 3. Altre abbreviazioni:

| | | |
|---|---|---|
| v. | – | vedere |
| t. c. | – | |
| IVA | – | imposta sul valore aggiunto |
| s. q. | – | secondo quantità |
| FS / FFSS | – | |
| PT | – | Poste e Telegrafi |
| Prov. | – | |
| V. | – | |
| V. le | – | |

### 4. Associazioni:

| | | |
|---|---|---|
| ANSA | – | Agenzia Nazionale Stampa Associata |
| RAI | – | Radio Televisione Italiana |
| TV | – | |
| SpA | – | |
| S. r. l. | – | Società a responsabilità limitata |
| CEE | – | |
| ACI | – | |
| SIP | – | Società Telefoni |
| ENEL | – | Ente Nazionale per l'Energia Elettrica |
| ONU | – | |
| FAO | – | |
| DC | – | Democrazia Cristiana |
| PSI | – | Partito Socialista Italiano |
| PDS | – | |
| PLI | – | |
| MSI | – | Movimento Sociale Italiano |
| PRI | – | |

| | | |
|---|---|---|
| *Mezzi linguistici:* | Che cosa vuol dire . . . ? | – | Vuol dire . . . |
| | Che cosa significa . . . ? | – | Significa . . . |

# Abbreviazioni

*Che cosa significano queste abbreviazioni?*
*Consultatevi con il vostro partner per scoprire le definizioni mancanti.*

*1. Sigle automobilistiche internazionali e italiane:*

| | | |
|---|---|---|
| A | – | |
| E | – | Spagna |
| P | – | Portogallo |
| CH | – | |
| GB | – | |
| B | – | Belgio |
| D | – | Germania |
| DK | – | |
| NL | – | |
| | | |
| PA | – | Palermo |
| BZ | – | Bolzano |
| BO | – | |
| BA | – | Bari |
| MI | – | |
| GE | – | |
| FI | – | Firenze |
| TO | – | |

*2. In una lettera o in un testo:*

| | | |
|---|---|---|
| p. es. | – | |
| Vs. | – | Vostro |
| ns. | – | nostro |
| c. a. | – | |
| c. m. | – | corrente mese |
| c/o | – | |
| r. s. v. p. | – | |

*4. Associazioni:*

| | | |
|---|---|---|
| ANSA | – | |
| RAI | – | |
| TV | – | Televisione |
| SpA | – | Società per azioni |
| S. r. l. | – | |
| CEE | – | Comunità Economica Europea |
| ACI | – | Automobile Club Italiano |
| SIP | – | |
| ENEL | – | |
| ONU | – | Organizzazione delle Nazioni Unite |
| FAO | – | Organizzazione per l'alimentazione e l'agricoltura |
| DC | – | |
| PSI | – | |
| PDS | – | Partito Democratico della Sinistra |
| PLI | – | Partito Liberale Italiano |
| MSI | – | |
| PRI | – | Partito Repubblicano Italiano |

*3. Altre abbreviazioni:*

| | | |
|---|---|---|
| v. | – | |
| t. c. | – | tutto compreso |
| IVA | – | |
| s. q. | – | |
| FS/FFSS | – | Ferrovie dello Stato |
| PT | – | |
| Prov. | – | Provincia |
| V. | – | Via |
| V. le | – | Viale |

| *Mezzi linguistici:* | Che cosa vuol dire . . . ? | – | Vuol dire . . . |
|---|---|---|---|
| | Che cosa significa . . . ? | – | Significa . . . |

## In cucina

*Siete andati a trovare un amico per qualche giorno. Vi trovate adesso con lui in cucina e cercate degli oggetti.*
*In base alle sue indicazioni disegnateli al posto giusto.*

| *Mezzi linguistici:* | B: Dove trovo una tazza? | B: Dov'è la scopa? |
| | A: Sul ripiano sopra al lavandino. | A: Vicino al tavolo. |

schiaccianoci

colino

caffettiera

scopa   coltelli   torta   bicchieri   piatti   apribottiglie

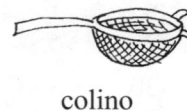

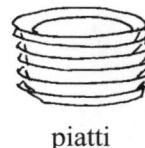

*Adesso rispondete alle domande del vostro partner.*

# In cucina

*La vostra cucina è molto pulita e ordinata. Ogni cosa è al suo posto. Un vostro amico è venuto a trovarvi e si fermerà qualche giorno. Aiutatelo ad orientarsi.*

| *Mezzi linguistici:* | B: Dove trovo una tazza? | B: Dov'è la scopa? |
|---|---|---|
| | A: Sul ripiano sopra al lavandino. | A: Vicino al tavolo. |

*Ora siete voi nella cucina di un vostro amico e cercate alcuni oggetti. Disegnateli al posto giusto in base alle indicazioni ricevute.*

colapasta

mestolo

strofinaccio

padella    libro di ricette    apriscatole    cucchiaio di legno    tazza    pentola

## Arrediamo

*1. Ammobiliate il vostro nuovo appartamento. Disegnate mobili e oggetti.*

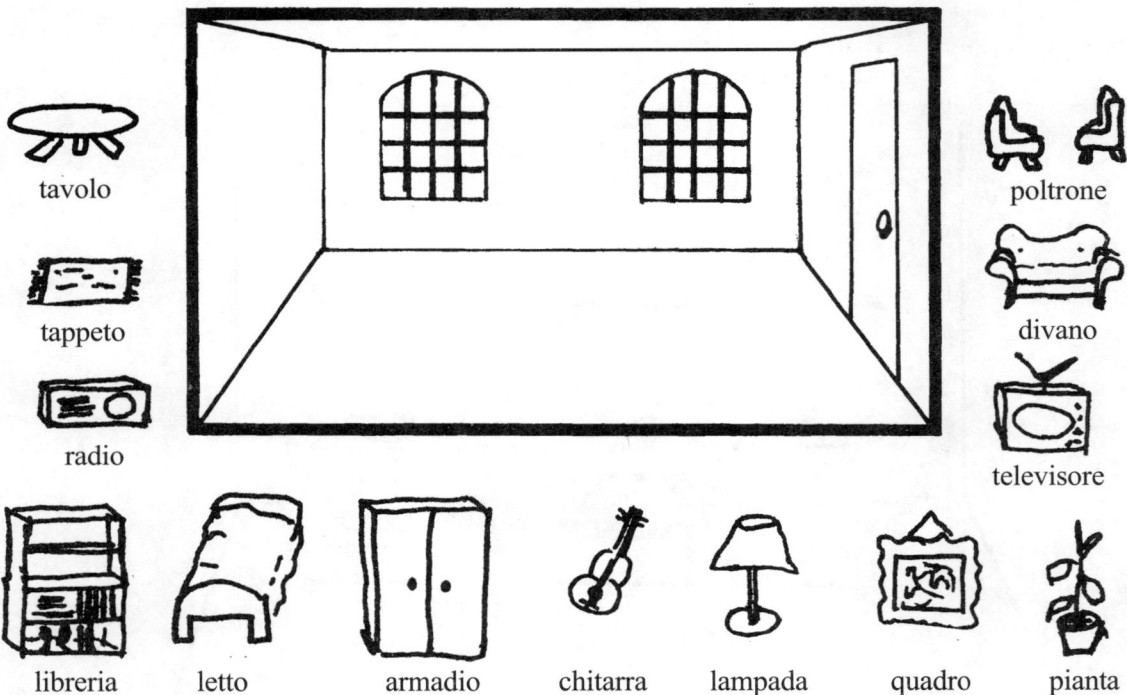

tavolo

tappeto

radio

poltrone

divano

televisore

libreria    letto    armadio    chitarra    lampada    quadro    pianta

*Poi descrivete al vostro partner come avete sistemato l'appartamento.*

*2. Domandate al partner come ha sistemato il suo appartamento.*

| *Mezzi linguistici:* | A: Dove ha/hai messo la radio? Dov'è la radio? La radio, dove l'ha/hai messa? |
| --- | --- |
| | B: L'ho messa . . . /E' . . . /Si trova . . . vicino a . . . /a sinistra di . . . /a destra di . . . / tra . . . e . . . /dietro/davanti a . . . /su/sopra/sotto/accanto a . . . /nel . . . |

*Disegnate l'appartamento del vostro partner in base alla sua descrizione. Confrontate i disegni. Corrispondono?*

## Arrediamo

*1. Ammobiliate il vostro nuovo appartamento. Disegnate mobili e oggetti.*

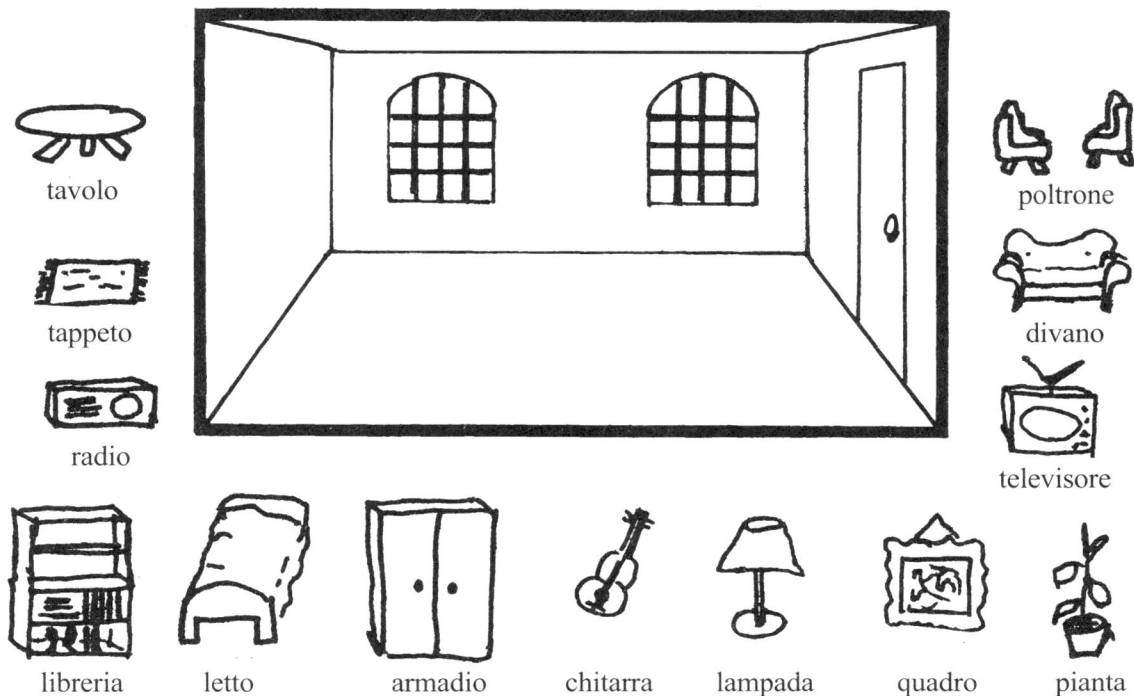

tavolo

tappeto

radio

poltrone

divano

televisore

libreria    letto    armadio    chitarra    lampada    quadro    pianta

*Poi descrivete al vostro partner come avete sistemato l'appartamento.*

*2. Domandate al partner come ha sistemato il suo appartamento.*

| *Mezzi linguistici:* | B: Dove ha/hai messo la radio? Dov'è la radio? La radio, dove l'ha/hai messa? |
| --- | --- |
| | A: L'ho messa . . . / E' . . . / Si trova . . . vicino a . . . / a sinistra di . . . / a destra di . . . / |
| | tra . . . e . . . / dietro / davanti a . . . / su / sopra / sotto / accanto a . . . / nel . . . |

*Disegnate l'appartamento del vostro partner in base alla sua descrizione. Confrontate i disegni. Corrispondono?*

## In metropolitana

*Siete a Milano in Piazza Cadorna. Chiedete al vostro partner come potete arrivare, usando la metropolitana,*

*a) al Castello Sforzesco,*        *b) a S. Maria delle Grazie,*        *c) alla Fiera,*        *d) alla Scala.*

---

*Mezzi linguistici:*

A: Questa linea va a / fino a . . . ?

A: Si può andare in metrò a / fino a . . . ?

A: Senta, scusi per andare a . . . ?

A: Per piacere, sa dirmi che linea va a . . . ?

A: Scusi, dove devo scendere per . . . ?

B: Mi dispiace, non lo so.

B: No / Sì, prima prenda la linea . . . , direzione . . . e poi . . .

B: Deve cambiare a . . .

B: La linea . . .

B: Deve scendere a . . .

---

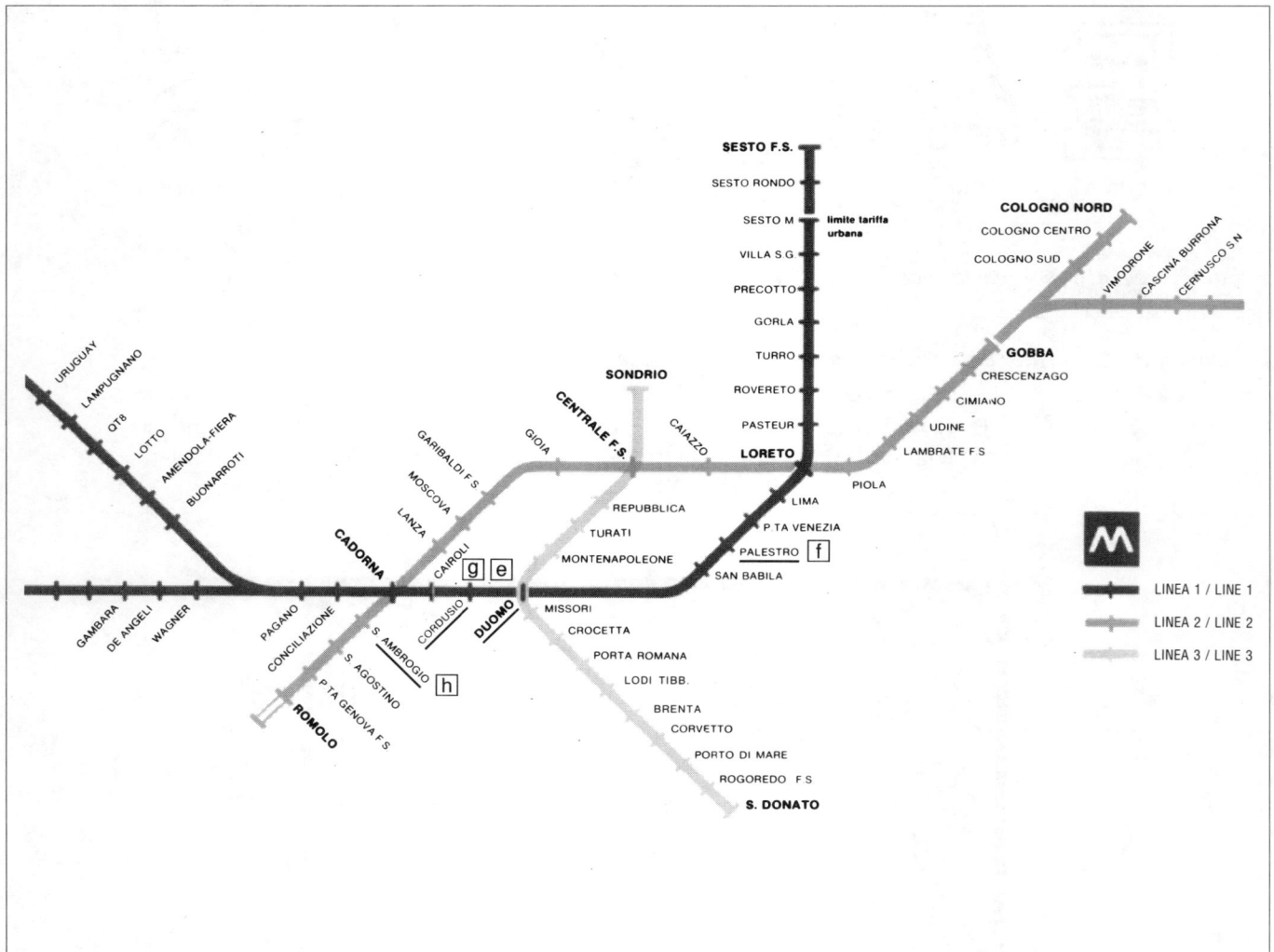

*Guardando la piantina, rispondete ora alle richieste di informazione del vostro partner.*
*Alla fine confrontate le due piantine completate con le vostre indicazioni.*

# In metropolitana

*Avete in mano una piantina della metropolitana di Milano. Ascoltate le domande del vostro partner e rispondetegli.*
*Vi trovate a Piazza Cadorna.*

---

*Mezzi linguistici:*

A: Questa linea va a/fino a . . . ?

A: Si può andare in metrò a/fino a . . . ?

A: Senta, scusi per andare a . . . ?

A: Per piacere, sa dirmi che linea va a . . . ?

A: Scusi, dove devo scendere per . . . ?

B: Mi dispiace, non lo so.

B: No/Sì, prima prenda la linea . . . ,
direzione . . . e poi . . .

B: Deve cambiare a . . .

B: La linea . . .

B: Deve scendere a . . .

---

*Siete a Milano in Piazza Cadorna. Chiedete al vostro partner come potete arrivare, usando la metropolitana,*

*e) alla Galleria Vittorio Emanuele,   f) al Museo di Scienze Naturali,   g) al Piccolo Teatro,   h) a Sant'Ambrogio.*

*Alla fine confrontate le due piantine completate con le vostre indicazioni.*

Subjunctive

## Pettegolezzi

*Da poco tempo abitate in un palazzo. Anche il vostro vicino di pianerottolo si è trasferito recentemente. Avete una passione in comune: il pettegolezzo. Vi scambiate informazioni e commenti sui vicini. Alternativamente ponete le domande e segnate le risposte. Usate la fantasia per arricchire le traccie date!*

*Attenzione: molte espressioni richiedono il congiuntivo.*

*Esempio:*    B: Mi sembra che il signor Celli non abbia molti soldi. Sai come mai?
            A: Ho sentito dire che è in cassa integrazione da un sacco di tempo.
               *oppure*
            Dicono che sia in cassa integrazione da un sacco di tempo.

*Mezzi linguistici per la domande:*

Mi sembra che . . . Sai come mai?
Ho l'impressione che . . . Sai come mai?
Come mai . . . ?
Com'è che . . . ?
Come ha fatto il signor Celli a . . . ?
Perché . . . ?

*Mezzi linguistici per le risposte:*

| | |
|---|---|
| Ho sentito dire che . . . | Sembra che . . . |
| Dicono che . . . | Secondo me . . . |
| Pare che . . . | Credo che . . . |

| Signor Celli | Signora Biasi | Signora Peretti | Signor Bardi |
|---|---|---|---|
| cassa integrazione | sempre di corsa? | chiamare il medico? | socio del WWF |

| Signora Cappi | Signor De Luca | Signor Costa | Signor Isnardi |
|---|---|---|---|
| allergia al sole | incidente? | moglie in vacanza | scoprire una medicina contro i reumatismi |

| Signora Foresti | Signor Esposito | Giorgino | Signor Bora |
|---|---|---|---|
| dimagrire | vuole imparare l'inglese | prendersi la rosolia? | andare a Torino? |

## Pettegolezzi

*Da poco tempo abitate in un palazzo. Anche il vostro vicino di pianerottolo si è trasferito recentemente. Avete una passione in comune: il pettegolezzo. Vi scambiate informazioni e commenti sui vicini. Alternativamente ponete le domande e segnate le risposte.*

*Attenzione: molte espressioni richiedono il congiuntivo.*

*Esempio:*   B: Con tutti i soldi che ha, come mai il signor Bardi va sempre in bicicletta?
A: Sembra che sia uno dei primi soci del WWF.

*Mezzi linguistici per le domande:*

Mi sembra che . . . Sai come mai?
Ho l'impressione che . . . Sai come mai?
Come mai . . . ?
Com'è che . . . ?
Come ha fatto il signor Celli a . . . ?
Perché . . . ?

*Mezzi linguistici per le risposte:*

Ho sentito dire che . . .   Sembra che . . .
Dicono che . . .   Secondo me . . .
Pare che . . .   Credo che . . .

| Signor Celli | Signora Biasi | Signora Peretti | Signor Bardi |
|---|---|---|---|
| pochi soldi? | 5 bambini | esaurimento nervoso | andare sempre in bicicletta? |
| **Signora Cappi** | **Signor De Luca** | **Signor Costa** | **Signor Isnardi** |
| non andare mai al mare? | tornare ubriaco da una festa | essere di buon umore in questo periodo? | diventare ricco sfondato? |
| **Signora Foresti** | **Signor Esposito** | **Giorgino** | **Signor Bora** |
| fare passeggiate chilometriche? | avere una ragazza alla pari americana? | prenderla dai bambini dei Rossi | visitare il Salone dell' Automobile |

**Per strada**

*Siete appena arrivati a Siena, in Piazza S. Domenico, alla stazione degli autobus.*
*Volete andare:* – alla Fortezza Medici – a palazzo Salimbeni – alla chiesa di S. Francesco – a piazza del Campo

| *Mezzi linguistici:* | – Senta, scusi, dov'è . . . ?<br>– . . . , mi saprebbe dire dov'è . . . ?<br>– . . . , sa dov'è . . . ? | – Senta, scusi, mi potrebbe dire dov'è . . . ?<br>– E' molto lontano?<br>– E' un po' complicato! Può ripetermelo, per cortesia? |

*Adesso è il turno del vostro partner. I luoghi da lui cercati sono contrassegnati sulla vostra piantina con i numeri 1- 2 - 3 - 4.*

| *Mezzi linguistici:* | Non è lontano. E' a 5 minuti da qui.<br>E' un po' lontano. E' meglio prendere un autobus.<br>Guardi, prenda questa strada e poi giri alla<br>prima/seconda a destra/a sinistra. | Attraversi la piazza . . .<br>Al semaforo giri in Via . . .<br>All'incrocio prenda . . .<br>. . . e lì c'è la chiesa . . .<br>E' proprio qui, davanti a Lei! |

## Per strada

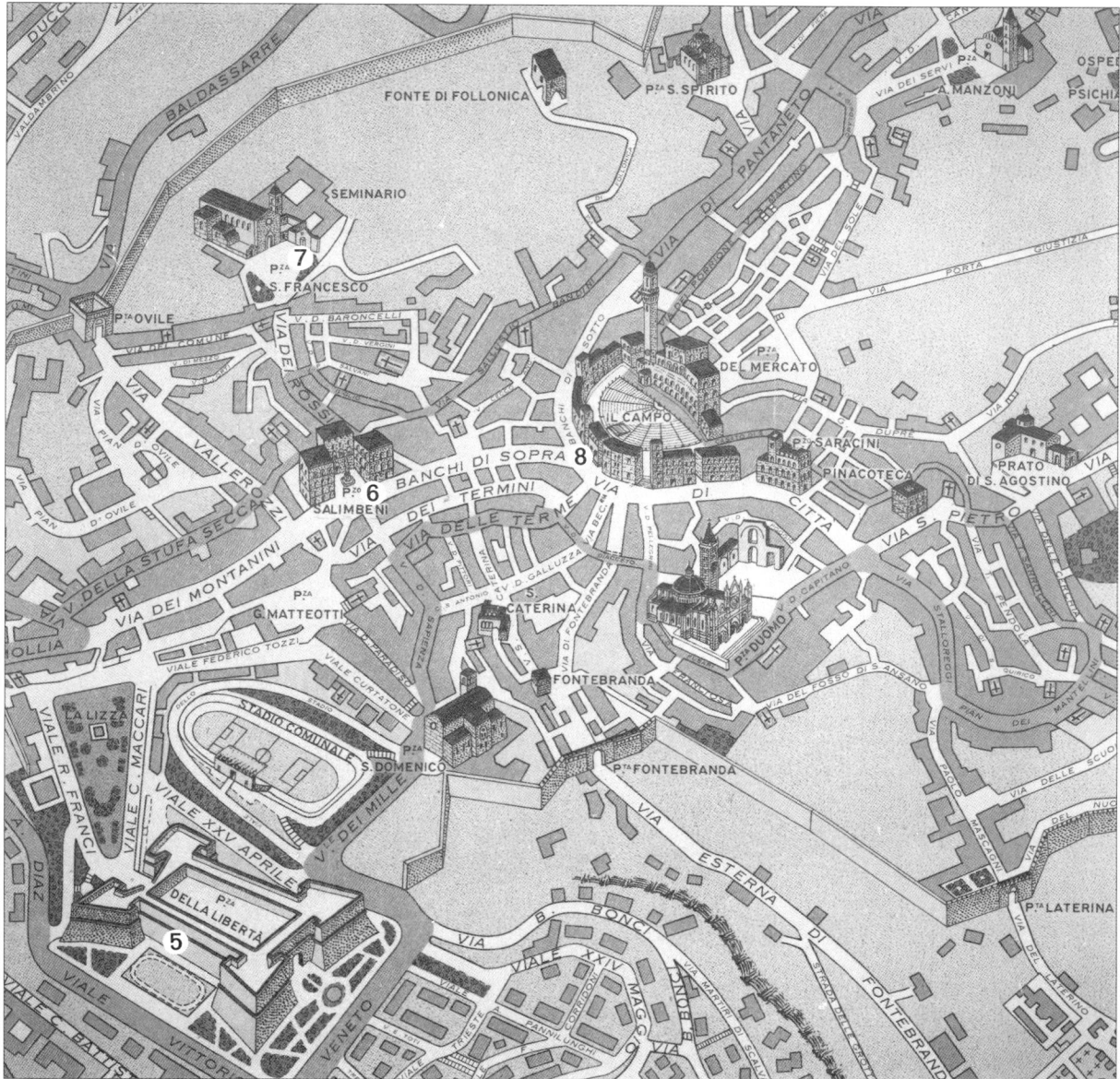

*Siete a Siena, in piazza S. Domenico. Un passante vi domanda delle informazioni stradali. I luoghi da lui cercati sono contrassegnati sulla vostra piantina dai numeri: 5 - 6 - 7 - 8.*

| *Mezzi linguistici:* | Non è lontano. E' a 5 minuti da qui.<br>E' un po' lontano. E' meglio prendere un autobus.<br>Guardi, prenda questa strada e poi giri alla<br>prima/seconda a destra/a sinistra. | Attraversi la piazza . . .<br>Al semaforo giri in Via . . .<br>All'incrocio prenda . . .<br>. . . e lì c'è la chiesa . . .<br>E' proprio qui, davanti a Lei! |
|---|---|---|

*Siete appena arrivati a Siena, in Piazza San Domenico, alla stazione degli autobus.*
*Volete andare:* – al Duomo – alla Pinacoteca – alla chiesa di S. Agostino – alla chiesa di S. Spirito.

| *Mezzi linguistici:* | – Senta, scusi, dov'è . . . ?<br>– . . ., mi saprebbe dire dov'è . . . ?<br>– . . ., sa dov'è . . . ? | – Senta, scusi, mi potrebbe dire dov'è . . . ?<br>– E' molto lontano?<br>– E' un po' complicato! Può ripetermelo, per cortesia? |
|---|---|---|

# 27A

## Una festa di Carnevale

*State organizzando una grande festa di Carnevale. Avevate ripartito i compiti fra vari amici. Accertatevi che siano stati eseguiti.*

*Esempio:*
A: Chi ha preparato le torte?
B: Le ho preparate io.

|  | partner | Luigi | Marina | Elena e Piero |
|---|---|---|---|---|
| preparare le torte |  |  |  |  |
| ordinare il gelato |  |  |  |  |
| comprare i coriandoli |  |  |  |  |
| cucinare le lasagne |  |  |  |  |
| avvisare la donna delle pulizie |  |  |  |  |
| preparare gli antipasti |  |  |  |  |
| scegliere le maschere |  |  |  |  |
| avvertire i vicini |  |  |  |  |

*Anche il vostro partner vuole verificare che alcuni compiti siano stati eseguiti. Voi avete un altro elenco di cose fatte.*

Voi: comprare le cassette, chiamare il Disc Jockey.

Luigi: invitare Chiara, telefonare ai Mari.

Marina: portare i dischi, spedire gli ultimi inviti.

Elena e Piero: telefonare a Domenico, invitare i Tommasini.

## Una festa di Carnevale

*State organizzando una grande festa di Carnevale insieme al alcuni amici. Di alcuni impegni vi eravate presi carico voi, Luigi, Marina, Elena e Piero. Ora il vostro partner vuole accertarsi che tutti i compiti siano stati eseguiti. Ecco cosa avete fatto voi e i vostri quattro amici:*

Voi: preparare le torte, scegliere le maschere.

Luigi: avvisare la donna delle pulizie, avvertire i vicini.

Marina: cucinare le lasagne, ordinare il gelato.

Elena e Piero: comprare i coriandoli, preparare gli antipasti.

---

*Volete ora sapere dal vostro partner chi si è occupato delle cose elencate qui sotto.*

*Esempio:*
B: Chi ha portato i dischi?
A: Li ha portati Marina.

|  | partner | Luigi | Marina | Elena e Piero |
|---|---|---|---|---|
| portare i dischi |  |  |  |  |
| comprare le cassette |  |  |  |  |
| invitare Chiara |  |  |  |  |
| spedire gli ultimi inviti |  |  |  |  |
| invitare i Tommasini |  |  |  |  |
| telefonare a Domenico |  |  |  |  |
| chiamare il Disc Jockey |  |  |  |  |
| telefonare ai Mari |  |  |  |  |

## Cercate una casa per le vacanze?

*1. Volete andare in vacanza con la vostra famiglia.*
*Siete due adulti e due bambini di sette e dieci anni. Cercate un appartamento o una villetta possibilmente in un villaggio vacanze ben organizzato, vicino alla spiaggia, con tennis, piscina e con la possibilità di noleggiare biciclette.*
*Avrete bisogno di una baby sitter.*
*Vorreste fare un corso di vela.*
*Non volete pagare più di 700.000 lire alla settimana.*
*Volete andare in vacanza per le prime tre settimane di settembre.*
*Vi rivolgete ad un'agenzia.*

*2. Lavorate in un'agenzia immobiliare che vende seconde case. Viene un cliente, fategli delle offerte.*

### Calabria Diamante

Impresa vende villette a schiera a 5 km dal mare. 2 camere, soggiorno con angolo cottura, bagnetto, piccolo giardino.
**L. 63.000.000**

### Sardegna Costa Smeralda

Nel complesso residenziale "Cugnana Verde" fornito di tennis, piscina, ristorante, discoteca e servizi, vendesi appartamento completamente arredato di mq. 72 composto di 3 locali più servizi più terrazzo di mq. 14.
**L. 150.000.000**

### Liguria – Borghetto S. Spirito

Nel borgo antico vendesi casetta pittoresca mq. 80 tre stanze, terrazzino panoramico vista mare, da ristrutturare.
**L. 45.000.000**

### Sicilia Isole Eolie-Lipari

Casetta bifamiliare restaurata da architetto, con giardino mq. 150. Una di mq 85, tre camere, biservizi L. 110.000.000
La seconda mq 70, tre camere, servizi L. 90.000.000

### Liguria – Sanremo

Vendosi ultimi due appartamenti con terreno privato di mq. 200 e 400, in villetta di totale 4 alloggi ristrutturati con finiture di pregio a mt. 100 dal mare, dotati di box auto e vista panoramica unica.
Da L. 115.000.000

### Liguria

Affacciato mar Ligure, in borgo tipico, struttura in pietra, cucina, tinello, camera, bagno, vista para-disiaca. Necessita piccoli restauri.
**L. 65.000.000**

## Cercate una casa per le vacanze?

*1. Lavorate in un'agenzia immobiliare.*
*Un cliente cerca una casa in affitto per il periodo estivo. Ascoltate le sue richieste e proponetegli le case che potrebbero interessargli.*

### Liguria
### Albenga

Appartamenti vacanza centralissimi. Spiaggia, box, giardino, biciclette, medico fiducia.
Da 400 a 900.000 settimanali.

### Toscana
### Marina di Bibbona

Affittiamo lussuosi alloggi ben arredati, 3−7 persone in modernissimo residence. Piscine, tennis, ristorante, servizio baby sitter.
Da L. 700.000 settimanali.

### Campania
### Paestum

A m. 150 da un mare incantevole, prossimità zona archeologica, bellissima villetta arredata da architetto, due camere letto, salone, TV color, doppi servizi, garage, L. 750.000 settimanali.

### Puglia
### Marina Torreorso

Pineta, mare cristallino, lungo arenile, appartamenti 2-3-4 posti letto, muniti ogni comfort.
Noleggio biciclette e barche.
Da L. 400.000 settimanali.

### Sicilia
### Taormina

Affitto villetta accessoriatissima in villaggio turistico con tennis, piscina, km. 1 dal mare, grande giardino condominiale, area giochi.
L. 3.000.000 mensili.

### Sardegna
### Villasimius

Affitto settembre villette mare in villaggio turistico. Ampio giardino con strutture giochi, piscina, tennis, minigolf, ristorante, tavola calda.
L. 2.800.000 / 3.500.000 mensili.

*2. Volete comprare una seconda casa, preferibilmente su un'isola, vicino al mare.*
*Avete a disposizione 150.000.000 di lire. Non cercate una casa di lusso, potreste essere interessati anche ad una casa da rinnovare, se a prezzo conveniente. Avete bisogno di due camere da letto; desiderereste un giardino o un terrazzo.*

## Identikit

*1. Siete a Milano, seduti tranquillamente a un tavolino all'aperto di un bar in una strada tranquilla. Improvvisamente vedete qualcuno uscire correndo dall'Ufficio Postale di fronte a voi, salire su una macchina posteggiata lì davanti in seconda fila e partire a tutta velocità. Capite che c'è stata una rapina. Pochi minuti dopo, infatti, arriva la polizia che vi invita a collaborare all'identificazione del malvivente.*

| Uomo ☒ | Donna ☐ | | Età 45 | | Altezza 1,75 | | Peso . . . | |
|---|---|---|---|---|---|---|---|---|
| Capelli | neri ☒ | biondi ☐ | castani ☐ | rossi ☐ | grigi ☐ |
| | calvo ☐ | stempiato ☐ | ricci ☐ | lunghi ☐ | corti ☐ |
| | barba ☐ | baffi ☒ | | | |
| Occhi | neri ☐ | castani ☒ | grigi ☐ | verdi ☐ | a mandorla ☐ |
| | azzurri ☐ | blu ☐ | grandi ☐ | piccoli ☐ | infossati ☐ |
| Sopracciglia | spesse ☒ | unite ☐ | sottili ☐ | normali ☐ | |
| Naso | grande ☐ | largo ☒ | piccolo ☐ | sottile ☐ | aquilino ☐ |
| | | | a patata ☐ | all'insù ☐ | camuso ☐ |
| Viso | rotondo ☐ | smunto ☐ | quadrato ☒ | ovale ☐ | |
| Segni particolari | cicatrici ☒ deformazioni ☐ | tatuaggi ☐ | handicap ☐ | altro . . . | |

*2. Lavorate a Genova al Commissariato di Polizia della zona 19. Venite chiamati in un supermercato della zona dove è stato effettuato un tentativo di rapina a mano armata. Domandate a un testimone una descrizione del rapinatore, una donna. Se credete di averla riconosciuta, mostrategli la foto dal vostro archivio dei pregiudicati.*

| 1 | 2 | 3 | 4 |

*Mezzi linguistici:* – Potete descrivere il rapinatore?
          – Aveva capelli molto corti, occhi neri . . .
          – Era una donna con gli occhi chiari, i capelli . . .

## Identikit

*1. Lavorate in un Commissariato di Polizia di Milano. Improvvisamente venite chiamati per una rapina in un Ufficio Postale. Domandate a un testimone una descrizione del rapinatore. Se credete di averlo riconosciuto, mostrategli la foto dal vostro archivio dei pregiudicati.*

|  1  |  2  |  3  |  4  |

*2. Stamattina, mentre facevate la spesa al supermercato del vostro quartiere, avete assistito, terrorizzati, ad un tentativo di rapina a mano armata. Qualche minuto dopo è arrivata la polizia che vi ha chiesto una descrizione del rapinatore.*

| Uomo ☐ | Donna ☒ | Età 40 | Altezza 1,65 | | Peso . . . | |
|---|---|---|---|---|---|---|
| Capelli | neri ☐ | biondi ☐ | castani ☒ | rossi ☐ | grigi ☐ |
| | calvo ☐ | stempiato ☐ | ricci ☒ | lunghi ☒ | corti ☐ |
| | barba ☐ | baffi ☐ | | | |
| Occhi | neri ☐ | castani ☐ | grigi ☐ | verdi ☒ | a mandorla ☐ |
| | azzurri ☐ | blu ☐ | grandi ☐ | piccoli ☐ | infossati ☒ |
| Sopracciglia | spesse ☒ | unite ☐ | sottili ☐ | normali ☐ | |
| Naso | grande ☐ | largo ☐ | piccolo ☐ | sottile ☐ | aquilino ☐ |
| | | | a patata ☐ | all'insù ☒ | camuso ☐ |
| Viso | rotondo ☐ | smunto ☐ | quadrato ☐ | ovale ☒ | |
| Segni particolari | cicatrici ☐ | tatuaggi ☐ | handicap ☐ | altro . . . | |
| | deformazioni ☐ | | | | |

| *Mezzi linguistici:* | – Potete descrivere il rapinatore? |
|---|---|
| | – Aveva capelli molto corti, occhi neri . . . |
| | – Era una donna con gli occhi chiari, i capelli . . . |

# 30A

## Chiedere un oggetto

*1. Osservate per 5 secondi il foglio del vostro partner. Cercate di fissare nella memoria gli oggetti rappresentati e, usando i verbi qui elencati, chiedeteglieli.*

*Esempio:* Mi presti il dizionario?
Sì, te lo presto. / Non te lo posso prestare perché non ce l'ho.

| | |
|---|---|
| 1. prestare | 6. comprare |
| 2. dare | 7. regalare |
| 3. restituire | 8. spedire |
| 4. passare | 9. accendere |
| 5. portare | 10. avvicinare |

*2. Adesso il vostro partner osserverà per 5 secondi i vostri oggetti e poi ve li chiederà. Se si tratta di oggetti che non avete, rispondete negativamente.*

telefono

fazzoletto

palloncini

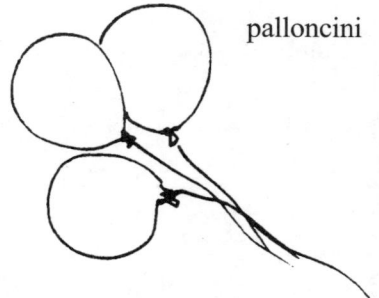

fiore

bottiglie

cravatta

lettera

sigarette

coltello

valigie

## Chiedere un oggetto

*1. Adesso il vostro partner osserverà per 5 secondi i vostri oggetti e poi ve li chiederà. Se si tratta di oggetti che non avete, rispondete negativamente.*

*Esempio:* Mi presti il dizionario?
Sì, te lo presto. / Non te lo posso prestare perché non ce l'ho.

tazze

chiavi

penna

microfono

libro

dischi
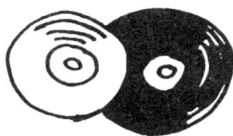

occhiali

sedia

scarpe

fogli

*2. Osservate per 5 secondi il foglio del vostro partner. Cercate di fissare nella memoria gli oggetti rappresentati e, usando i verbi qui elencati, chiedeteglieli.*

| | |
|---|---|
| 1. prestare | 6. comprare |
| 2. dare | 7. regalare |
| 3. restituire | 8. spedire |
| 4. passare | 9. accendere |
| 5. portare | 10. avvicinare |

## Esclamazioni spontanee

*Leggete la prima battuta di un minidialogo al vostro partner che dovrà trovare la risposta adeguata.*
*Lo stesso farà con voi il vostro partner. Annotate le domande e le risposte che vi mancano. Alla fine confrontate*
*i due fogli.*

A: _____?
B: Che fortuna!

A: _____?
B: Niente, mamma. Non siamo stati noi.

A: Accidenti! Stamattina ho avuto un tamponamento!
B: _____.

A: _____
B: Va be', dai, arriverà!

A: Ti hanno rubato niente?
B: _____

A: Che hai fatto di bello questa domenica?
B: _____!

A: _____
B: Ma no, mamma! Te l'assicuro!

A: Ma come, sei ancora a letto?
B: _____

A: _____?
B: Ma sai che non trovo le chiavi?

A: _____?
B: Guarda che me l'hai già detto almeno cinque volte!

A: Questo vestito qui ti vuoi mettere?
B: _____?

A: Hai già visto l'ultimo film di Bertolucci?
B: _____.

## Esclamazioni spontanee

*Leggete la prima battuta di un minidialogo al vostro partner che dovrà trovare la risposta adeguata.*
*Lo stesso farà con voi il vostro partner. Annotate le domande e le risposte che vi mancano. Alla fine confrontate i due fogli.*

A: _____?
B: Sì, ma mi ha lasciato un po' perplessa.

A: Che cosa avete combinato?
B: _____.

A: _____
B: Ma neanche di domenica mi puoi lasciare in pace?

A: Sono già le cinque e Emilio non è ancora arrivato!
B: _____!

A: Ma hai rotto tu questo vetro?
B: _____!

A: _____!
B: No! Che sfortuna!

A: _____?
B: Di bello niente! Una gita massacrante!

A: Ma cosa aspetti ad aprire la porta?
B: _____?

A: _____?
B: Eh sì, purtroppo! Gioielli e soldi.

A: Lo sai che Lia ha vinto al lotto?
B: _____!

A: _____
B: Ma perché, non ti piace?

A: Ti ho già detto che stasera sei molto bella?
B: _____!

## Conoscete l'Italia?

*Domandate al vostro partner
dove sono queste città e quindi
segnatele sulla vostra cartina:*

– Sondrio
– Vicenza
– Parma
– Pistoia
– Chieti
– Lecce
– Agrigento
– Oristano

Nord

Ovest        Est

Sud

Torino
Varese
Milano
Bolzano
Venezia
Trieste
Ferrara
Genova        Bologna
Lucca
Firenze        Ancona
Perugia
Terni
Roma        L'Aquila  Pescara
Campobasso
Caserta        Bari
Napoli        Potenza
Cagliari        Taranto
Palermo        Catanzaro
Siracusa

---

*Mezzi linguistici:*

Dove si trova Asti? – Nell'Italia settentrionale, in Piemonte.
Dove si trova Pisa? – Nell'Italia centrale, in Toscana, sull'Arno.
Dove si trova Salerno? – Nell'Italia meridionale, in Campania, sul mar Tirreno, a sud di Napoli.

## Conoscete l'Italia?

*Nord*

*Ovest* *Est*

*Sud*

*Domandate al vostro partner
dove sono queste città e quindi
segnatele sulla vostra cartina:*

– Varese
– Lucca
– Ferrara
– Terni
– Pescara
– Taranto
– Caserta
– Siracusa

Bolzano

Sondrio

Torino

Milano Venezia

Vicenza Trieste

Parma

Genova Bologna

Pistoia

Firenze Ancona

Perugia

L'Aquila

Roma Chieti

Campobasso

Oristano Bari

Napoli Potenza

Cagliari Lecce

Palermo Catanzaro

Agrigento

---

*Mezzi linguistici:*

Dove si trova Asti? – Nell'Italia settentrionale, in Piemonte.
Dove si trova Pisa? – Nell'Italia centrale, in Toscana, sull'Arno.
Dove si trova Salerno? – Nell'Italia meridionale, in Campania, sul mar Tirreno, a sud di Napoli.

## Puzzle

*Voi e il vostro partner dovete ricostruire il testo di due lettere che sono state scomposte in dieci parti. Ognuno di voi ha cinque parti di ogni lettera. Leggete al vostro partner tutti i frammenti, più volte se necessario, ma senza mostrarglieli.*
*Ogni frammento è contrassegnato da una lettera dell'alfabeto.*

*(g)* L'altroieri Rolando, che ha una nuova Yamaha,

*(o)* Non ha sofferto.

*(r)* Dato che alle due del mattino non era ancora a letto, la nonna

*(b)* Cari amici, dal nostro ritorno dalle vacanze sono successe un sacco di cose.

*(c)* Era solo leggermente ferito,

*(e)* un bicchiere di cognac ancora in mano, gli occhi aperti.

*(p)* ma tutte le torte erano coperte di frammenti di vetro, e la padrona della pasticceria lo ha costretto a pagarle tutte, altrimenti lo avrebbe denunciato.

*(f)* Lunedì è morto nonno Luigi;

*(s)* Non sono nello spirito di raccontarvi altro.
Vi abbraccio

Sergio

*(z)* Un vecchietto, che teneva al guinzaglio un mastino napoletano, andava in bicicletta su una pista ciclabile lungo la strada.

Lettera 1:

| 1 | 2 | 3 | 4 | 5 | 6 | 7 | 8 | 9 | 10 |
|---|---|---|---|---|---|---|---|---|----|
| a |   |   |   |   |   |   |   |   |    |

Lettera 2:

| 1 | 2 | 3 | 4 | 5 | 6 | 7 | 8 | 9 | 10 |
|---|---|---|---|---|---|---|---|---|----|
| b |   |   |   |   |   |   |   |   |    |

## Puzzle

*Voi e il vostro partner dovete ricostruire il testo di due lettere che sono state scomposte in dieci parti. Ognuno di voi ha cinque parti di ogni lettera. Leggete al vostro partner tutti i frammenti, più volte se necessario, ma senza mostrarglieli.*
*Ogni frammento è contrassegnato da una lettera dell'alfabeto.*

(u)

Credo che per la nonna sia stato un grande choc, ci telefona tutti i giorni; in un momento così difficile ha bisogno di tutto il nostro affetto.

(h)

Aveva guardato la partita Genoa-Sampdoria e dopo voleva andarsene a dormire.

(i)

è morto due giorni prima del suo novantesimo compleanno. Nessuno se l'aspettava.

(m)

è scesa a vedere cosa stava facendo: era seduto nella sua poltrona,

(a)

Cara Lidia, caro Silvano, è molto tempo che non vi scrivo e purtroppo oggi lo faccio per communicarvi una triste notizia.

(l)

In questo momento, abbiamo 17 torte che si possono ammirare ben allineate nella nostra cucina – senza né compleanni, né anniversari in vista. Ma veniamo al perché:

(n)

Ho riso fino alle lacrime quando me l'hanno raccontato.
Per oggi è tutto.
Un bacione

Valeria

(q)

Rolando, volendolo evitare, è entrato nella pasticceria, ma non come si potrebbe supporre dalla porta, bensì dalla vetrina!

(t)

ha pensato di collaudarla con una entrata trionfale in una pasticceria.

(d)

Improvvisamente davanti ad un palo, il cane è passato a destra e il vecchietto, che stava andando a sinistra è caduto.

Lettera 1:

| 1 | 2 | 3 | 4 | 5 | 6 | 7 | 8 | 9 | 10 |
|---|---|---|---|---|---|---|---|---|----|
| a |   |   |   |   |   |   |   |   |    |

Lettera 2:

| 1 | 2 | 3 | 4 | 5 | 6 | 7 | 8 | 9 | 10 |
|---|---|---|---|---|---|---|---|---|----|
| b |   |   |   |   |   |   |   |   |    |

*Conditional*

## Cosa fareste al suo posto?

Questo è Luca Moretti.

*Per prima cosa segnate le vostre risposte, poi domandate al vostro partner.*

| Ecco quello che sappiamo di lui: | Se voi foste Luca Moretti, che cosa fareste al suo posto? | | E il vostro partner, che cosa farebbe? | |
|---|---|---|---|---|
| | Farei come lui. | Non farei come lui. | Farebbe come lui. | Non farebbe come lui. |
| 1. Ha la febbre a 38°, ma non resta a letto. | | | | |
| 2. E' sposato, ma corteggia altre donne. | | | | |
| 3. Ha un ospite, ma se ne va al cinema da solo. | | | | |
| 4. Ha la macchina, ma va al lavoro a piedi. | | | | |
| 5. Piove, ma va a passeggio nel parco senza ombrello. | | | | |
| 6. Non ha molti soldi, eppure non bada a spese. | | | | |
| 7. Non sa nuotare, ma d'estate va sempre al mare. | | | | |
| 8. E' grasso, ma mangia dolci tutti i giorni. | | | | |
| 9. Ha mal di denti, ma non va dal dentista. | | | | |
| 10. I suoi vicini sono molto rumorosi, ma lui non si lamenta mai. | | | | |

*Esempio:* A: Se Lei avesse la febbre a 38°, anche Lei non resterebbe a letto?
*oppure:* Se tu avessi la febbre a 38°, anche tu non resteresti a letto?
B: Ma sì! Se io avessi la febbre a 38°, resterei certamente a letto!

# Cosa fareste al suo posto?

Questo è Luca Moretti.

*Per prima cosa segnate le vostre risposte, poi domandate al vostro partner.*

| Ecco quello che sappiamo di lui: | Se voi foste Luca Moretti, che cosa fareste al suo posto? | | E il vostro partner, che cosa farebbe? | |
|---|---|---|---|---|
| | Farei come lui. | Non farei come lui. | Farebbe come lui. | Non farebbe come lui. |
| 1. Ha la febbre a 38°, ma non resta a letto. | | | | |
| 2. E' sposato, ma corteggia altre donne. | | | | |
| 3. Ha un ospite, ma se ne va al cinema da solo. | | | | |
| 4. Ha la macchina, ma va al lavoro a piedi. | | | | |
| 5. Piove, ma va a passeggio nel parco senza ombrello. | | | | |
| 6. Non ha molti soldi, eppure non bada a spese. | | | | |
| 7. Non sa nuotare, ma d'estate va sempre al mare. | | | | |
| 8. E' grasso, ma mangia dolci tutti i giorni. | | | | |
| 9. Ha mal di denti, ma non va dal dentista. | | | | |
| 10. I suoi vicini sono molto rumorosi, ma lui non si lamenta mai. | | | | |

*Esempio:*   A: Se Lei avesse la febbre a 38°, anche Lei non resterebbe a letto?
*oppure:*        Se tu avessi la febbre a 38°, anche tu non resteresti a letto?
        B: Ma sì! Se io avessi la febbre a 38°, resterei certamente a letto!

# 35A

## Tempo libero

*Sono le sei del pomeriggio di venerdì. Non avete voglia di trascorrere la serata in casa da soli e telefonate a un vostro amico per fare qualcosa insieme.*

**A**                    **B**

| Ti andrebbe di fare qualcosa insieme? (Vorreste fare qualcosa insieme, ma non avete un programma preciso) |
| --- |

| Fate una proposta. |
| --- |

| Domandate informazioni precise. |
| --- |

| Date le informazioni richieste. |
| --- |

| Non siete entusiasti della proposta e vi viene un'altra idea. |
| --- |

| Insistete sulla vostra proposta. |
| --- |

| Vi lasciate convincere dalla proposta del vostro amico. |
| --- |

| Fissate l'appuntamento. |
| --- |

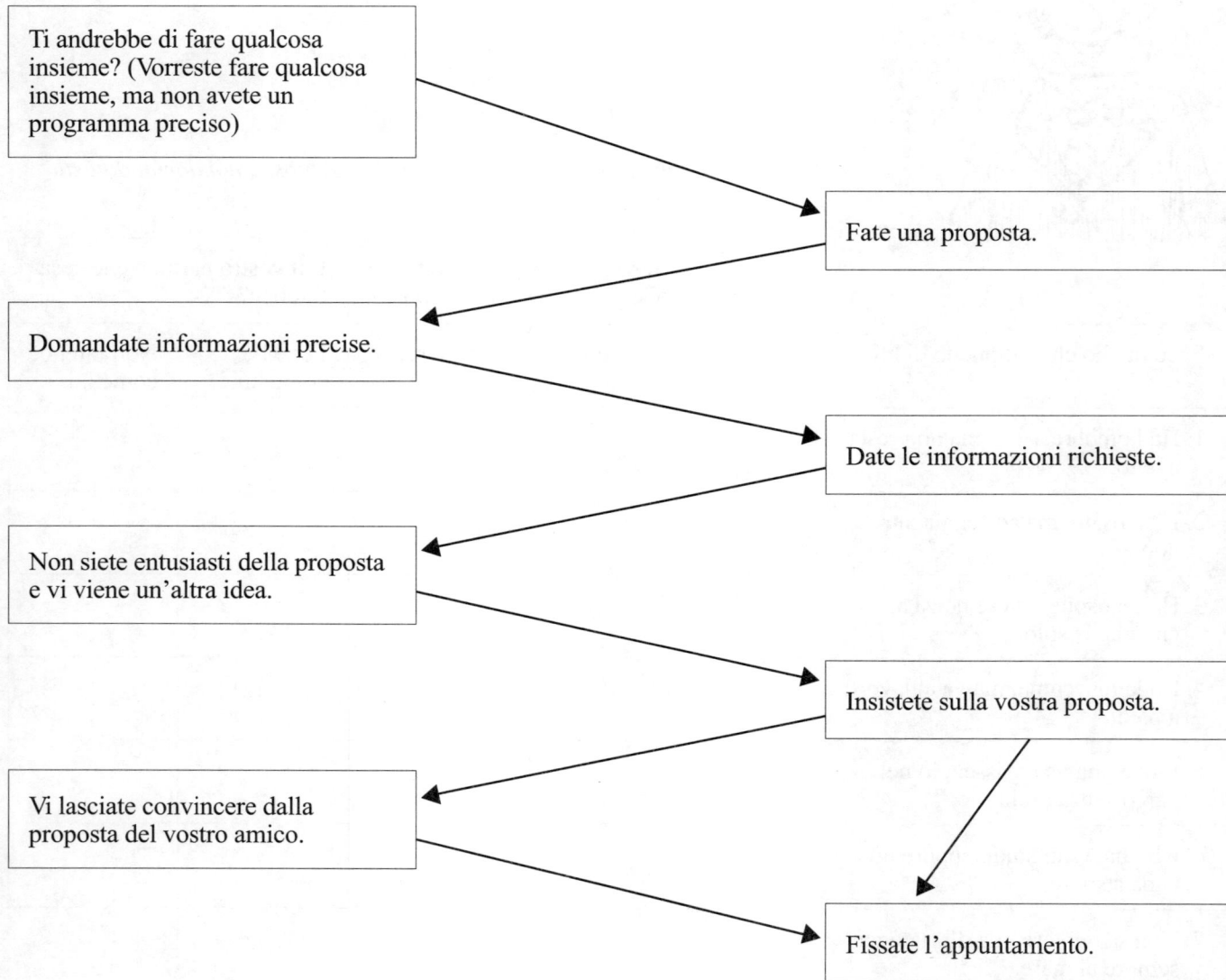

*Mezzi linguistici:* Ti andrebbe di . . . / non avresti voglia di . . . / non hai voglia di . . . ?
Non si potrebbe . . .
E se si andasse . . .
Beh, veramente io preferirei . . .
Sai, io ci terrei proprio, è così . . .
Ma dicono che sia talmente . . .
Dai, fai uno sforzo, per una volta . . .
Beh, se ci tieni proprio . . .
Ma sì, forse può essere . . .
Ma sì, in fondo è . . .

# Tempo libero

*Sono le sei del pomeriggio di venerdì. Non avete voglia di trascorrere la serata in casa da soli e telefonate a un vostro amico per fare qualcosa insieme.*

**A**
**B**

Ti andrebbe di fare qualcosa insieme? (Vorreste fare qualcosa insieme, ma non avete un programma preciso)

Fate una proposta.

Domandate informazioni precise.

Date le informazioni richieste.

Non siete entusiasti della proposta e vi viene un'altra idea.

Insistete sulla vostra proposta.

Vi lasciate convincere dalla proposta del vostro amico.

Fissate l'appuntamento.

---

*Mezzi linguistici:*  Ti andrebbe di . . . / non avresti voglia di . . . / non hai voglia di . . . ?
Non si potrebbe . . .
E se si andasse . . .
Beh, veramente io preferirei . . .
Sai, io ci terrei proprio, è così . . .
Ma dicono che sia talmente . . .
Dai, fai uno sforzo, per una volta . . .
Beh, se ci tieni proprio . . .
Ma sì, forse può essere . . .
Ma sì, in fondo è . . .

## Raccontare una storia

### Prima storia

*Le vignette non sono in ordine. Rivolgetevi al vostro partner che vi descriverà i disegni perché li possiate riordinare; numerate ogni disegno.*

### Seconda storia

*Aiutate il vostro partner a riordinare la storia descrivendogli le vignette.*

> *Mezzi linguistici:* Nella prima vignetta c'è / ci sono . . .
>                      si vede / si vedono . . .

*Alla fine date un titolo alla storia e raccontatela al passato agli altri.*

# Raccontare una storia

## Prima storia

*Aiutate il vostro partner a riordinare la storia descrivendogli le vignette.*

*Mezzi linguistici:* Nella primo disegno c'è/ci sono . . .
si vede/si vedono . . .

## Seconda storia

*Le vignette non sono in ordine. Rivolgetevi al vostro partner che vi descriverà i disegni perché li possiate riordinare; numerate ogni disegno.*

*Alla fine date un titolo alla storia e raccontatela al passato agli altri.*

## Che ti è successo?

*Telefonate a un vostro amico e scoprite che è in difficoltà.*
*Offritegli il vostro aiuto.*
*Oppure: un amico vi telefona e, scoprendo che siete in*
*difficoltà, vi offre il suo aiuto.*

*Mezzi linguistici:*

– Pronto, ciao/buongiorno . . .! Come va?
– Ma no! Davvero?
– Oh! Mi dispiace proprio!
– Oh, poveretto!
– Ma come è successo?
– Eh, conosco questa situazione!
– Su, non è poi così grave!
– Coraggio, non è colpa tua/Sua.
– Ti/La posso aiutare?
– Se ti/Le posso essere utile, dimmelo/me lo dica.

*Situazioni 1 e 3*

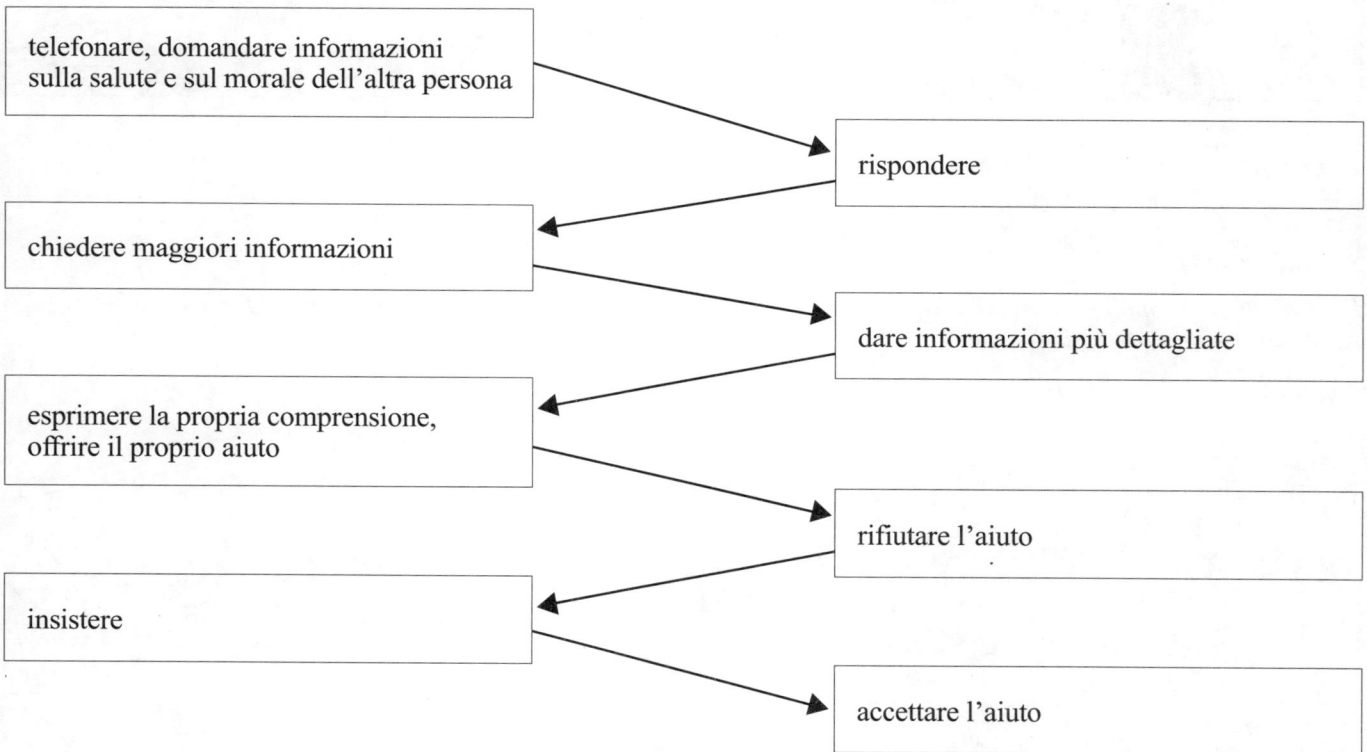

**A**

telefonare, domandare informazioni
sulla salute e sul morale dell'altra persona

chiedere maggiori informazioni

esprimere la propria comprensione,
offrire il proprio aiuto

insistere

**B**

rispondere

dare informazioni più dettagliate

rifiutare l'aiuto

accettare l'aiuto

*Situazione 1:*

Avevate intenzione di far visita alla vostra famiglia questo fine settimana e volevate partire venerdì. Purtroppo avete perso l'ultimo treno e siete obbligati ad aspettare fino al giorno dopo. La cosa è molto spiacevole perché eravate attesi per discutere un importante affare familiare. I vostri non hanno telefono.

*Situazione 3:*

Per la terza volta siete stati bocciati all'esame di guida!

## Che ti è successo?

*Telefonate a un vostro amico e scoprite che è in difficoltà.*
*Offritegli il vostro aiuto.*
*Oppure: un amico vi telefona e, scoprendo che siete in*
*difficoltà, vi offre il suo aiuto.*

*Mezzi linguistici:*

– Pronto, ciao / buongiorno . . . ! Come va?
– Ma no! Davvero?
– Oh! Mi dispiace proprio!
– Oh, poveretto!
– Ma come è successo?
– Eh, conosco questa situazione!
– Su, non è poi così grave!
– Coraggio, non è colpa tua / Sua.
– Ti / La posso aiutare?
– Se ti / Le posso essere utile, dimmelo / me lo dica.

*Situazioni 2 e 4*

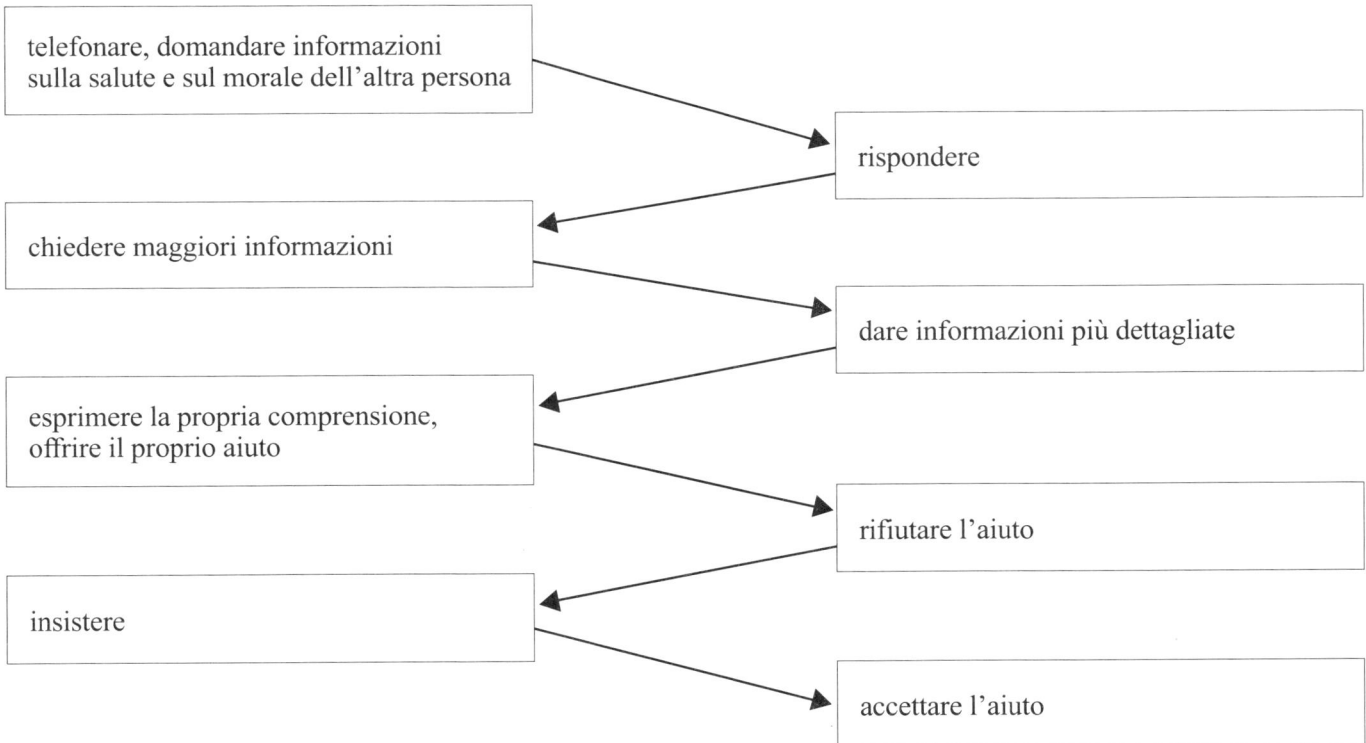

**A**

telefonare, domandare informazioni
sulla salute e sul morale dell'altra persona

chiedere maggiori informazioni

esprimere la propria comprensione,
offrire il proprio aiuto

insistere

**B**

rispondere

dare informazioni più dettagliate

rifiutare l'aiuto

accettare l'aiuto

*Situazione 2:*

Siete arrabbiatissimi: avete perso il portafogli con un sacco di soldi! Stavate andando infatti alla vostra agenzia di viaggi per pagare, in contanti, la quota per un soggiorno di un mese negli Stati Uniti per tutta la famiglia.

*Situazione 4:*

Il vostro gatto, a cui siete affezionatissimi, è scappato. Rientrando a casa ieri sera avete scoperto di aver dimenticato una finestra socchiusa. Adesso vi sentite tremendamente soli.

## Agenzia di viaggi

*1.*

Avete versato un acconto per un viaggio di 8 giorni ad Haiti.

Le Antille sono un vero paradiso. L'anno scorso avete passato 12 giorni alla Martinica: è stato magnifico!

Il viaggio (volo A/R, hotel categoria lusso, mini-corso subacqueo, visto e assicurazione inclusi) costa 3.150.000 lire.

Vi restano ancora da pagare 2.000.000 di lire. La partenza è prevista fra 5 giorni.

*2.*

Lavorate in un'agenzia di viaggi. Un cliente viene a pagare il saldo di 1.000.000 di lire per un viaggio di studio in Russia. Purtroppo è sorto un contrattempo: la guida che parla perfettamente italiano e russo si è ammalata due giorni fa e non potrà accompagnare il gruppo. Per ovviare, l'agenzia propone una conferenza gratuita con diapositive prima della partenza e una guida russa che parla inglese.

Cercate di non perdere il cliente.

*3.*

Avete 60 anni e non siete più in perfetta forma fisica. Il vostro sogno è sempre stato un safari fotografico in Africa.

Andate all'agenzia di viaggi, dove avete già versato un acconto per un fotosafari di due settimane in Uganda.

Il prezzo del viaggio ammonta a 3.400.000 lire. Avete già pagato 1.400.000 lire. La partenza è prevista fra due giorni.

*4.*

Lavorate in un'agenzia di viaggi. Arriva un cliente che ha prenotato un soggiorno di una settimana a Milano.

Il viaggio comprende: volo A/R, 6 notti all'hotel Excelsior (categoria superlusso), la rappresentazione della Traviata alla Scala (regia di Muti), un concerto di Luciano Pavarotti, seguito da una cena con il cantante al famoso ristorante Savini e un disco con dedica. Il prezzo è di 2.650.000. La partenza è prevista fra due giorni, ma sono sopravvenuti dei contrattempi: il tenore è stato colpito da influenza ed è poco probabile che il concerto abbia luogo. D'altra parte, alla Scala sono in corso dei lavori straordinari di manutenzione che possono nuocere all'acustica.

Proponete quindi al cliente un'alternativa: dieci giorni in Canada a Montreal. Volo A/R, nove notti all'hotel Ritz Carlton con mezza pensione, tutti i concerti – compreso il concerto di gala – del Concorso Internazionale di Musica e di Balletto Classico di Montreal, due escursioni (Toronto e le cascate del Niagara) e una cena nel più antico ristorante dell'America del Nord. Prezzo 3.150.000 lire.

Cercate di non perdere il cliente.

## Agenzia di viaggi

*1.*
Lavorate in un'agenzia di viaggi. Arriva un cliente che vi conferma un viaggio ad Haiti e vuole pagare il saldo di 2.000.000 di lire. Purtroppo, la compagnia aerea che vola alle Antille è fallita. Fate un'altra proposta: crociera di dieci giorni sul Canale di Suez, un'escursione al Cairo, un'escursione notturna alle piramidi. Prezzo 2.100.000 lire. Cercate di convincere il cliente.

*2.*
Avete versato un acconto di 900.000 lire per un viaggio di studio in Russia. Dieci giorni con visita a tutte le città più importanti. Voi non parlate lingue straniere, ma il gruppo sarà accompagnato da una guida che parla perfettamente italiano e russo. Il prezzo del viaggio è di 1.900.000 lire. Andate all'agenzia per pagare il saldo. La partenza per Mosca è prevista fra due giorni.

*3.*
Lavorate in un'agenzia di viaggi. Arriva un cliente che vuole pagare il saldo di 2.000.000 di lire per un fotosafari in Uganda. Costo: 3.400.000 lire. Il cliente dovrebbe partire fra due giorni, ma c'è un problema: la stagione delle piogge è cominciata prima del previsto e le strade sono già impraticabili. Offrite come alternativa al vostro cliente un viaggio nel Nord India comprendente la visita ai due maggiori parchi naturali, uno dei quali famoso per le tigri, più una settimana di trekking sull'Himalaya. Il percorso è di 300 km. Naturalmente, i partecipanti devono essere in ottime condizioni fisiche.
Il prezzo è di 3.900.000 lire. Cercate di non perdere il cliente.

*4.*
Avete prenotato un viaggio di una settimana a Milano per assistere a un concerto del celebre cantante Luciano Pavarotti. Siete suoi grandi ammiratori ma non avete ancora avuto l'occasione di assistere dal vivo a un suo concerto. Il viaggio prevede anche una cena in sua compagnia al famoso ristorante Savini. Il prezzo del viaggio (2.650.000 lire) comprende anche una serata alla Scala con rappresentazione della Traviata, diretta da Muti, soggiorno all'Excesior e, naturalmente, il volo A/R.
Andate all'agenzia par saldare e prendere le ultime informazioni. Partirete fra due giorni.

## Non ti sembra una buona idea?

*Discutendo con il vostro partner, cercate di
convincerlo della bontà delle vostre proposte.*

*Mezzi linguistici:*

– Sono del parere che . . .
– A mio parere bisogna / bisognerebbe . . .
– Secondo me . . .
– Trovo che . . .
– Quello che voglio dire è che . . .
– No, su questo punto non sono d'accordo.
– Non sono del tuo / Suo parere.
– Ma è sempre la stessa storia!
– Guarda / Guardi che . . .
– Certo, è chiaro che . . .
– Sì, ma . . .

1. Cercate di convincere il vostro partner a prendere contatto con "Interhome", per fare uno scambio di casa con
una famiglia americana durante le vacanze estive.
*Ecco i vostri argomenti a favore della proposta:*

– più interessante di un albergo,
– più comodo di un albergo,
– più economico di un albergo,
– contatti più personali,
– esperienza di vita,
– la casa è una manifestazione culturale,
– eventuale macchina a disposizione,
– evitare ladri.

2. Mancano due mesi a Natale e pensate alle feste familiari che anche quest'anno avranno luogo. Un vostro amico,
che l'anno scorso è stato alle Maldive, ve ne parla entusiasticamente e vi consiglia di andarvi a trascorrere le
vacanze di Natale. Voi manifestate una certa incertezza. Ecco i vostri argomenti:

– nipotini delusi,
– parenti in lacrime,
– regali da fare in ogni caso,
– viaggio caro,
– volo troppo lungo,
– sbalzo di temperatura,
– strapieno di turisti.

## Non ti sembra una buona idea?

*Discutendo con il vostro partner, cercate di
convincerlo della bontà delle vostre proposte.*

*Mezzi linguistici:*

– Sono del parere che . . .
– A mio parere bisogna / bisognerebbe . . .
– Secondo me . . .
– Trovo che . . .
– Quello che voglio dire è che . . .
– No, su questo punto non sono d'accordo.
– Non sono del tuo / Suo parere.
– Ma è sempre la stessa storia!
– Guarda / Guardi che . . .
– Certo, è chiaro che . . .
– Sì, ma . . .

1. *Pensate di trascorrere le prossime vacanze estive in un città degli Stati Uniti, insieme alla vostra famiglia.
   Un vostro amico vi ha parlato della possibilità di scambiare, durante quel periodo, il vostro appartamento
   con quello di una famiglia americana, rivolgendovi all'organizzazione "Interhome".
   Queste sono le vostre perplessità:*

   – cose di valore / personali in mano ad estranei,
   – danni vari a oggetti e mobilio,
   – eventuali problemi con i vicini,
   – più lavoro,
   – eventuali guasti,
   – rischio nel prestare la macchina.

2. *L'anno scorso, a Natale, siete stati alle Maldive ed è stato fantastico. Adesso suggerite questo viaggio ad un
   amico, cercando di comunicargli tutto il vostro entusiasmo. I vostri argomenti:*

   – clima magnifico,
   – bellezze naturali,
   – tranquillità e riposo,
   – sport,
   – niente fatiche natalizie,
   – niente pranzo con i parenti,
   – niente regali.

## Nei suoi panni, io . . .

Eva Dassio, 33 anni, professoressa di matematica e fisica in un liceo, ha deciso di rinunciare alla sicurezza dell'impiego statale e di ricominciare una nuova vita.

Eva aveva un tenore di vita abbastanza alto: il padre, industriale, le dava infatti tutti i mesi una somma considerevole. Con il tempo, Eva si era comprata un bell'appartamento, una macchina Volvo, un magnifico televisore a colori, un grande impianto stereo e, naturalmente, tutti gli elettrodomestici. Aveva anche diversi gioielli e un fornito guardaroba di capi firmati. Una collaboratrice domestica puliva la casa tutti i giorni. Aveva anche un bellissimo cane di razza.

Ma un giorno Eva si è stancata di questa vita facile. Ha regalato il suo appartamento a una coppia di rifugiati politici libanesi, il cane ad un ispettore delle dogane, la macchina al segretario della sua scuola, gli elettrodomestici alla collaboratrice domestica, i gioielli e i vestiti firmati all'organizzazione Caritas. Poi, fatta la valigia, ha preso un aereo per il Centro America.

Attualmente lavora in una cooperativa in Nicaragua. Non aveva parlato a nessuno dei suoi progetti.


*Raccontate questa storia al vostro partner e domandategli di mettersi nei panni di Eva Dassio. Se si fosse stancato di una vita troppo facile che cosa avrebbe fatto*

*– della macchina,*
*– del cane,*
*– dell'appartamento,*
*– degli elettrodomestici,*
*– dei gioielli e dei vestiti.*


*Domandategli anche:*

*– se sarebbe partito per l'America Centrale,*
*– se avrebbe parlato a qualcuno dei suoi progetti.*

## Nei suoi panni, io . . .

Rolando Borghi, diciotto anni, studente liceale, era alla vigilia della maturità. I suoi studi erano più che soddisfacenti: in matematica e in latino era il migliore della classe. Coltivava un grande interesse per la biologia: aveva due acquari, uno di pesci esotici, l'altro con piranha e possedeva una bella collezione di cactus. La sua biblioteca contava circa 500 libri, fra questi un'enciclopedia sulle piante europee e decine di libri di botanica e zoologia.
Da due anni era insieme a una ragazza e il loro rapporto sembrava procedere senza contrasti.
Ma un giorno, come un fulmine a ciel sereno, ha deciso di non proseguire gli studi. Ha venduto i pesci esotici ad un negozio di animali, ha messo i piranha nottetempo in uno stagno dei giardini pubblici, ha regalato l'enciclopedia e i libri di biologia al professore di scienze, il resto dei libri li ha portati al mercatino dell'usato e infine ha fatto un bel pacco con i cactus e li ha spediti ad una vecchia zia.
Poi, senza presentarsi per la maturità, si è imbarcato su una nave diretta in Nuova Zelanda e adesso fa il guardiano di montoni laggiù.
Non aveva parlato del suo progetto né alla famiglia né ad amici né alla ragazza.

*Raccontate questa storia al vostro partner e chiedetegli di mettersi nei panni di Rolando.*
*Cosa avrebbe fatto, al suo posto*

*– dei pesci esotici,*
*– dei piranha,*
*– dei libri di biologia,*
*– degli altri libri,*
*– dei cactus.*

*Domandategli inoltre:*

*– se avrebbe lasciato la scuola alla vigilia della maturità,*
*– se sarebbe andato in Nuova Zelanda,*
*– se avrebbe parlato con qualcuno dei suoi progetti.*

# 41A

## Un furto

Un furto ha avuto luogo nella villa del signor Gaspari, banchiere, abitante a Como, al n. 17 di Via Garibaldi. Poiché il furto non si è svolto come previsto, il ladro, Giovanni Delle Piane, detto "il furbo", è finito in prigione. Ancora non si conoscono completamente le circostanze in cui è avvenuto l'atto criminale. Siete in possesso di alcuni elementi per ricostruire l'accaduto, ma ve ne mancano altri, di cui è invece a conoscenza il vostro partner. Attraverso domande reciproche cercate di far luce sulla dinamica del furto e sulle ragioni del suo fallimento.

*Rispondendo, riformulate le frasi usando delle finali introdotte da* <u>perché + congiuntivo imperfetto</u> *o, se il soggetto della domanda coincide con quello della risposta, delle infinitive introdotte da* <u>per</u>.

*Esempio:* D: Perché il ladro ha commesso il furto?
R: Perché voleva vivere senza lavorare. ⟶ *Per vivere* senza lavorare.
D: Perché il signor Gaspari aveva lasciato la luce accesa?
R: La gente doveva credere che fosse a casa. ⟶ *Perché la gente credesse* che fosse a casa.


D: Perché il Delle Piane ha parcheggiato la macchina 500 m. prima della villa?
D: Perché portava delle scarpe da tennis?
R: Voleva vincere la paura. ⟶
R: Il cane doveva dormire. ⟶
D: Perché si è messo i guanti?
D: Perché ha tagliato i fili del telefono?
R: I passanti non dovevano vedere niente. ⟶
D: Perché era mascherato?
D: Perché ha messo a posto tutto prima di andarsene?
R: Perché voleva spostare i sospetti su una donna. ⟶
R: Delle Piane non doveva tenere il bottino tutto per sé. ⟶
R: Delle Piane voleva tenere tutto il bottino per sé. ⟶
D: Perché la polizia ha acceso a tutto volume la radio dai vicini?
R: Voleva nascondervisi dentro. ⟶

## Un furto

Un furto ha avuto luogo nella villa del signor Gaspari, banchiere, abitante a Como, al n. 17 di Via Garibaldi.
Poiché il furto non si è svolto come previsto, il ladro, Giovanni Delle Piane, detto "il furbo", è finito in prigione.
Ancora non si conoscono completamente le circostanze in cui è avvenuto l'atto criminale.
Siete in possesso di alcuni elementi per ricostruire l'accaduto, ma ve ne mancano altri, di cui è invece a conoscenza il vostro partner. Attraverso domande reciproche cercate di far luce sulla dinamica del furto e sulle ragioni del suo fallimento.

*Rispondendo, riformulate le frasi usando delle finali introdotte da* perché + congiuntivo imperfetto *o, se il soggetto della domanda coincide con quello della risposta, delle infinitive introdotte da* per.

*Esempio:* D: Perché il ladro ha commesso il furto?
        R: Perché voleva vivere senza lavorare. ⟶ *Per vivere* senza lavorare.
        D: Perché il signor Gaspari aveva lasciato la luce accesa?
        R: La gente doveva credere che fosse a casa. ⟶ *Perché la gente credesse* che fosse a casa.


R: Il rumore del motore non doveva svegliare i vicini. ⟶
R: Voleva tornare in macchina molto velocemente. ⟶
D: Perché ha bevuto una grappa davanti alla casa?
D: Per quale motivo ha portato con sé una polpetta di carne contenente sonnifero?
R: Non voleva lasciare impronte digitali. ⟶
R: Nessuno doveva chiamare la polizia. ⟶
D: Perché ha chiuso le serrande?
R: Non voleva essere riconosciuto. ⟶
R: Nessuno doveva notare il furto. ⟶
D: Per quale motivo si è profumato?
D: Perché il suo complice ha avvertito la polizia?
D: Perché il Delle Piane ha compiuto il furto senza il suo complice?
R: Il Delle Piane non doveva sentirli arrivare. ⟶
D: Perché il Delle Piane ha aperto l'armadio quando è suonato l'allarme?

95

## Convincere

---

*Situazione 1*

Siete Natalia Dotti e avete vent'anni. Abitate in un pensionato femminile dell'Università Cattolica che ospita 112 studentesse. Il regolamento proibisce severamente visite maschili nelle camere, cosa che voi trovate assurda. Il prossimo fine settimana viene a trovarvi vostro cugino. Andate dalla direttrice per chiederle il permesso di ospitarlo. La direttrice è una persona molto gentile.

---

*Situazione 2*

Siete il direttore di un pensionato maschile dell'Università Cattolica che ospita 255 studenti. E' severamente proibito dal regolamento ricevere visite femminili nelle camere. Negli ultimi giorni i vicini dello studente Dino Menotti si sono lamentati di rumori che provenivano dal bagno di Dino durante la sua assenza. Uno studente ha detto di aver sentito Dino parlare con qualcuno in bagno. Questo vi fa supporre che Dino abbia invitato un'amica. Mandate a chiamare lo studente.

## Convincere

*Situazione 1*

Siete la direttrice di un pensionato femminile dell'Università Cattolica che ospita 112 studentesse. E' severamente vietato dal regolamento ricevere visite maschili nelle camere. E' vostro compito assicurare l'ordine e far sì che il regolamento sia rispettato. Avete sentito che una studentessa, Natalia Dotti, ha invitato un amico per il prossimo fine settimana, senza informarvi. Sentite bussare alla porta: è la signorina Dotti.

*Situazione 2*

Siete Dino Menotti, avete ventun anni. Abitate in un pensionato maschile dell'Università Cattolica che ospita 255 studenti. Il regolamento cita: "L'accesso alle camere è severamente proibito a persone di sesso femminile e ad animali."
Da dieci giorni, avete un piccolo coccodrillo nella vasca da bagno. Si tratta di una sistemazione temporanea, fino a che vostra sorella avrà finito di allestire il suo terrario.
Chiaramente nessuno deve saperlo. Inaspettatamente, il direttore vi manda a chiamare.

## Contraddizioni

*Qualche giorno fa, nella vostra città, ha avuto luogo una rapina spettacolare alla Banca Commerciale.*
*I malfattori hanno rubato 1.766.441.950 lire. Alla scena hanno assistito due testimoni. Uno dei testimoni ha*
*parlato con il vostro partner e voi avete potuto parlare con l'altro, che vi ha raccontato tutto quello che ha visto.*
*Adesso vi scambiate le informazioni attraverso delle domande. Non dovete né leggere né mostrare il testo al*
*vostro partner.*
*Rilevate le contraddizioni.*

*Ecco che cosa ha raccontato il vostro testimone, la signora Ferri:*

Io ho visto tutto da vicino: era una bella giornata di primavera e stavo facendo due passi quando improvvisamente
davanti alla Banca Commerciale si è fermata un'Alfa Romeo blu scuro. Nella macchina c'erano quattro persone
mascherate; non ho potuto capire se fossero uomini o donne. Tre persone, tra cui l'autista, sono scese immediata-
mente. Due di loro erano armate di pistole. Tutti e tre sono entrati in banca. Il quarto, che era rimasto in macchina,
si è messo al volante. Dato che ero vicino a una cabina telefonica, ho chiamato subito la polizia, continuando
intanto ad osservare quello che succedeva. Due minuti dopo, erano intanto le due e due, tre persone mascherate, di
cui una portava un grande sacco, sono uscite correndo dalla banca e sono salite velocemente in macchina. A quel
punto c'è stato un piccolo contrattempo: il motore si è acceso solamente al secondo tentativo e la macchina è
ripartita molto lentamente. La polizia è arrivata solo tre minuti dopo. Purtroppo non sono riuscita a leggere il
numero di targa . . . mi sembra però che cominciasse con 12.
Ah, dimenticavo! Uno di quelli che è entrato in banca aveva le scarpe bordeaux. Erano tutti vestiti di marrone ed
erano più o meno tutti della stessa altezza.

---

| *Esempio:* | La signora Ferri ha detto che la macchina era un'Alfa Romeo blu scuro. Che cosa ha saputo Lei? |
|---|---|
| | La signora Ferri afferma che a bordo della vettura c'erano quattro persone. Che cosa ha sentito Lei? |

## Contraddizioni

*Qualche giorno fa, nella vostra città, ha avuto luogo una rapina spettacolare alla Banca Commerciale.*
*I malfattori hanno rubato 1.766.441.950 lire. Alla scena hanno assistito due testimoni. Uno dei testimoni ha*
*parlato con il vostro partner e voi avete potuto parlare con l'altro, che vi ha raccontato tutto quello che ha visto.*
*Adesso vi scambiate le informazioni attraverso delle domande. Non dovete né leggere né mostrare il testo al*
*vostro partner.*
*Rilevate le contraddizioni.*

*Ecco che cosa ha raccontato il vostro testimone, la signora Marotta:*

Erano esattamente le 13.59. Aspettavo l'inizio del giornale radio. Ero alla finestra e stavo innaffiando le piante,
quando ho visto una macchina nera fermarsi proprio qui sotto. Il numero di targa cominciava con 721, mi pare.
Per strada c'era poca gente, come sempre a quell'ora.
Ho avuto l'impressione che i cinque passeggeri della macchina non avessero premura, perché solo alcuni secondi
più tardi, con calma, sono scesi tre uomini e hanno attraversato la strada per entrare in banca.
L'autista è rimasto in macchina col motore acceso. Solo in quel momento ho capito la situazione perché due uomini,
mascherati, portavano le pistole. Erano vestiti di chiaro.
Un terzo portava l'impermeabile perché piovigginava. Il più piccolo aveva delle scarpe bordeaux. Quando sono
entrati in banca, sono corsa al telefono per avvertire la polizia. La linea, però, era occupata e quando sono riuscita
finalmente a parlare mi hanno detto che erano già stati avvertiti. Quando sono tornata alla finestra, li ho visti risalire
in macchina e partire subito a gran velocità.
Cinque minuti dopo è arrivata la polizia.

| | |
|---|---|
| *Esempio:* | La signora Marotta ha detto che erano esattamente le 13.59. Che cosa ha saputo Lei? |
| | La signora Marotta ha detto che le sembrava che ci fossero cinque passeggeri a bordo della macchina. Lei cosa sa a questo proposito? |

# 44A

## Parliamo dell'infanzia.

*Com'è stata la vostra infanzia? Ve ne ricordate ancora?*
*Queste domande possono essere un'occasione per riportarla*
*alla memoria. Prima di tutto ponetele mentalmente a voi*
*stessi e poi rivolgetele al vostro partner.*
*Naturalmente non siete obbligati a dire la verità e potete*
*rifiutare di rispondere a domande che trovate spiacevoli.*
*Non dimenticate di rispettare allo stesso modo la sensibilità*
*del vostro partner.*

|  | voi | partner |
|---|---|---|
| – I vostri genitori erano severi? | | |
| – Qualche volta vi punivano? Perché? | | |
| – Vi aiutavano a fare i compiti? | | |
| – Facevate mai gite in famiglia? | | |
| – A che ora dovevate andare a dormire a dieci anni? | | |
| – Che tipo di regali ricevevate per il compleanno? | | |
| – Com'erano i vostri rapporti con i nonni? | | |
| – I vostri genitori discutevano spesso con voi? Su che temi? | | |
| – Potevate parlare con loro di sessualità? | | |
| – Pensate che i vostri genitori vi abbiano viziato? | | |
| – Avevano tempo di giocare con voi? | | |
| – Cercavano di capirvi? | | |
| – Che cosa era proibito fare a tavola? | | |
| – Dovevate aiutare in casa? Come? | | |

*Che cosa pensate oggi dell'educazione che vi è stata impartita?*

# Parliamo dell'infanzia.

*Com'è stata la vostra infanzia? Ve ne ricordate ancora?*
*Queste domande possono essere un'occasione per riportarla*
*alla memoria. Prima di tutto ponetele mentalmente a voi*
*stessi e poi rivolgetele al vostro partner.*
*Naturalmente non siete obbligati a dire la verità e potete*
*rifiutare di rispondere a domande che trovate spiacevoli.*
*Non dimenticate di rispettare allo stesso modo la sensibilità*
*del vostro partner.*

|  | voi | partner |
|---|---|---|
| – I vostri genitori erano severi? | | |
| – Qualche volta vi punivano? Perché? | | |
| – Vi aiutavano a fare i compiti? | | |
| – Facevate mai gite in famiglia? | | |
| – A che ora dovevate andare a dormire a dieci anni? | | |
| – Che tipo di regali ricevevate per il compleanno? | | |
| – Com'erano i vostri rapporti con i nonni? | | |
| – I vostri genitori discutevano spesso con voi? Su che temi? | | |
| – Potevate parlare con loro di sessualità? | | |
| – Pensate che i vostri genitori vi abbiano viziato? | | |
| – Avevano tempo di giocare con voi? | | |
| – Cercavano di capirvi? | | |
| – Che cosa era proibito fare a tavola? | | |
| – Dovevate aiutare in casa? Come? | | |

*Che cosa pensate oggi dell'educazione che vi è stata impartita?*

## Parliamo di educazione.

*Se avete dei bambini questa può essere un'occasione per riflettere ancora una volta sul problema dell'educazione.*
*Se non ne avete, pensate a come vi comportereste se foste dei genitori. E poi, non si sa mai!*
*Prima di tutto, ponete mentalmente a voi stessi queste domande e poi rivolgetele al vostro partner.*
*Se il vostro partner non ha bambini, formulate le domande in forma ipotetica.*

|  | voi | partner |
|---|---|---|
| – Siete severi? |  |  |
| – Punite i vostri figli? In quali occasioni? |  |  |
| – Li aiutate a fare i compiti? |  |  |
| – Fate spesso gite con loro? |  |  |
| – A che ora li mandate a dormire? |  |  |
| – Gli date una piccola somma di denaro settimanale? |  |  |
| – Che tipo di regali gli fate? |  |  |
| – Li portate spesso dai nonni? |  |  |
| – Discutete spesso con loro? Su che temi? |  |  |
| – Parlate con loro di educazione sessuale? |  |  |
| – Pensate di viziarli? In che modo? |  |  |
| – Giocate con loro? |  |  |
| – Alzate mai la voce? |  |  |
| – Che cosa non possono fare a tavola? |  |  |
| – Devono aiutarvi in casa? In che modo? |  |  |

*In quali situazioni vi comportate come i vostri genitori? In quali diversamente?*

## Parliamo di educazione.

*Se avete dei bambini questa può essere un'occasione per riflettere ancora una volta sul problema dell'educazione.*
*Se non ne avete, pensate a come vi comportereste se foste dei genitori. E poi, non si sa mai!*
*Prima di tutto, ponete mentalmente a voi stessi queste domande e poi rivolgetele al vostro partner.*
*Se il vostro partner non ha bambini, formulate le domande in forma ipotetica.*

|  | voi | partner |
|---|---|---|
| – Siete severi? | | |
| – Punite i vostri figli? In quali occasioni? | | |
| – Li aiutate a fare i compiti? | | |
| – Fate spesso gite con loro? | | |
| – A che ora li mandate a dormire? | | |
| – Gli date una piccola somma di denaro settimanale? | | |
| – Che tipo di regali gli fate? | | |
| – Li portate spesso dai nonni? | | |
| – Discutete spesso con loro? Su che temi? | | |
| – Parlate con loro di educazione sessuale? | | |
| – Pensate di viziarli? In che modo? | | |
| – Giocate con loro? | | |
| – Alzate mai la voce? | | |
| – Che cosa non possono fare a tavola? | | |
| – Devono aiutarvi in casa? In che modo? | | |

*In quali situazioni vi comportate come i vostri genitori? In quali diversamente?*

## Mi scusi, ma ci dev'essere un errore . . .

*A volte può accadere di dover affrontare una situazione inaspettata, forse anche spiacevole.*
*Una buona dose di gentilezza si rende allora necessaria!*

---

*Mezzi linguistici:*

Mi scusi, ma ci dev'essere un errore . . .
Mi sembra che ci sia un errore!
Mi scusi, forse mi sbaglio, ma . . . !
Non è possibile! Ma come mai?
Ma come è possibile che . . . ?
Non riesco a crederci!
E' assurdo che . . .
Francamente non mi era mai capitato in tutti questi anni che . . .
Possibile che all'epoca del computer succedano ancora queste cose?

---

*Situazione 1:*

Siete a teatro. Viene rappresentato "Sei personaggi in cerca d'autore", di Pirandello. Siete giornalista e vi hanno chiesto di scrivere la critica per "Il Corriere della Sera". Avete ricevuto un biglietto omaggio dalla direzione del teatro per la poltrona n. 16 di prima fila, platea. Mancano pochi minuti allo spettacolo e vi si avvicina una signora.

*Situazione 2:*

Avete prenotato alla stazione di Roma un posto letto singolo in vagone letto di prima classe, ma quando entrate nello scompartimento il posto è già occupato. Rivolgetevi gentilmente al passeggero per chiedere chiarimenti.

# Mi scusi, ma ci dev'essere un errore . . .

*A volte può accadere di dover affrontare una situazione inaspettata, forse anche spiacevole.*
*Una buona dose di gentilezza si rende allora necessaria!*

---

*Mezzi linguistici:*

Mi scusi, ma ci dev'essere un errore . . .
Mi sembra che ci sia un errore!
Mi scusi, forse mi sbaglio, ma . . . !
Non è possibile! Ma come mai?
Ma come è possibile che . . . ?
Non riesco a crederci!
E' assurdo che . . .
Francamente non mi era mai capitato in tutti questi anni che . . .
Possibile che all'epoca del computer succedano ancora queste cose?

---

*Situazione 1:*

Siete appassionata del teatro di Pirandello. Viene rappresentato
"Sei personaggi in cerca d'autore". Avete comprato un regolare
biglietto per la poltrona n. 16 di prima fila, platea, ma quando arrivate
il vostro posto è occupato. Rivolgetevi con gentilezza alla persona
seduta chiedendo chiarimenti.

*Situazione 2:*

Siete in procinto di addormentarvi nel vostro vagone letto
sul treno Roma-Palermo. Avete acquistato il biglietto due
settimane fa. Siete stanchissimi.

## La lingua del corpo

*Nei paesi mediterranei spesso ci si abbraccia
o ci si bacia per salutarsi. Altri popoli hanno
abitudini diverse. Ci sono poi persone più
inclini a un contatto fisico con gli altri, altre
meno. A che categoria appartenete voi?
Ponete queste domande al vostro partner e
rispondete alle sue.*

1. Come salutate:  un amico _____

    un parente _____

    un vecchio compagno di scuola _____

    un bambino _____

    un vicino di casa _____

    a) con una stretta di mano      b) con un abbraccio      c) con una pacca sulle spalle
    d) con un bacio guancia a guancia      e) senza contatto fisico

2. Quando parlate con qualcuno, vi dà fastidio
    – se una persona evita di guardarvi negli occhi  ☐
    – se una persona vi guarda sempre negli occhi  ☐

3. Preferite una stretta di mano
    – energica  ☐
    – morbida  ☐

4. Quando stringete la mano, guardate negli occhi?      Sì ☐      No ☐

5. Vi considerate una persona affettuosa?      Sì ☐      No ☐

6. Vi capita di incontrare lo sguardo di uno sconosciuto e sorridere?      Sì ☐      No ☐

7. Se sì, quando vi è capitato l'ultima volta? _____

    Se sì, quante volte vi è capitato questa settimana e dove? _____

8. Vi capita di incominciare a parlare con uno sconosciuto?
    spesso ☐      qualche volta ☐      raramente ☐      mai ☐

9. Se sì,   indifferentemente dal sesso ☐      solo con donne ☐      solo con uomini ☐

## La lingua del corpo

*Nei paesi mediterranei spesso ci si abbraccia o ci si bacia per salutarsi. Altri popoli hanno abitudini diverse. Ci sono poi persone più inclini a un contatto fisico con gli altri, altre meno. A che categoria appartenete voi? Ponete queste domande al vostro partner e rispondete alle sue.*

1. Come salutate:  un amico      _____

                un parente      _____

                un vecchio compagno di scuola      _____

                un bambino      _____

                un vicino di casa      _____

a) con una stretta di mano      b) con un abbraccio      c) con una pacca sulle spalle
d) con un bacio guancia a guancia      e) senza contatto fisico

2. Quando parlate con qualcuno, vi dà fastidio
   – se una persona evita di guardarvi negli occhi ☐
   – se una persona vi guarda sempre negli occhi ☐

3. Preferite una stretta di mano
   – energica ☐
   – morbida ☐

4. Quando stringete la mano, guardate negli occhi?    Sì ☐    No ☐

5. Vi considerate una persona affettuosa?    Sì ☐    No ☐

6. Vi capita di incontrare lo sguardo di uno sconosciuto e sorridere?    Sì ☐    No ☐

7. Se sì, quando vi è capitato l'ultima volta?    _____

    Se sì, quante volte vi è capitato questa settimana e dove?    _____

8. Vi capita di incominciare a parlare con uno sconosciuto?
   spesso ☐      qualche volta ☐      raramente ☐      mai ☐

9. Se sì,    indifferentemente dal sesso ☐      solo con donne ☐      solo con uomini ☐

# 48A

**Protesto!**

Potete usare alcune delle seguenti espressioni:

> – Sono venuto a protestare.
> – Ci sono delle cose che non vanno.
> – Senta, guardi . . .
> – Almeno abbia il coraggio di ammettere che . . .
> – Ma non è possibile!
> – Le assicuro che è così!
> – Lo saprò bene visto che . . .
> – Non pensa di esagerare?
> – La prego di venire a constatare personalmente.
> – E' assolutamente inammissibile che . . .
> – Certe cose sono intollerabili!

1. *Frequentate un corso d'italiano in una scuola di lingue. Siete insoddisfatti e andate dal direttore a protestare.*
   *I vostri argomenti sono:*

   – il professore parla esclusivamente in italiano
   – il professore arriva sempre in ritardo
   – si sentono continuamente le sirene delle autoambulanze
   – il registratore funziona malissimo e non è mai stato usato il laboratorio linguistico
   – non c'è una sala di riunione per gli studenti
   – l'aula è al quinto piano e l'ascensore è sempre fuori servizio

2. *Siete proprietario di un ristorante. Un cliente viene a protestare. Potete dargli torto oppure no, o spiegargli le vostre ragioni.*

3. *Siete in vacanza in un albergo a tre stelle, al settimo piano. Non siete soddisfatti e andate dal direttore a protestare. I vostri argomenti sono:*

   – l'ascensore è sempre fuori servizio
   – il letto non è mai stato fatto
   – il bagno non è mai stato pulito
   – la sala ristorante è caldissima e il condizionatore non funziona
   – l'acqua è color ruggine

4. *Siete il proprietario di una pensione. Un cliente viene a protestare. Potete dargli torto oppure no, o spiegargli le vostre ragioni.*

# Protesto!

*Potete usare alcune delle seguenti espressioni:*

> – Sono venuto a protestare.
> – Ci sono delle cose che non vanno.
> – Senta, guardi . . .
> – Almeno abbia il coraggio di ammettere che . . .
> – Ma non è possibile!
> – Le assicuro che è così!
> – Lo saprò bene visto che . . .
> – Non pensa di esagerare?
> – La prego di venire a constatare personalmente.
> – E' assolutamente inammissibile che . . .
> – Certe cose sono intollerabili!

*1. Siete il direttore di una scuola di lingue. Uno studente viene a protestare. Potete dargli torto oppure no,
e spiegargli le vostre ragioni.*

*2. Avete mangiato in un ristorante e il servizio è stato pessimo. Andate dal proprietario a lamentarvi.
I vostri argomenti sono:*

- avete atteso 55 minuti la prima portata
- il cameriere vi ha rovesciato del vino sui pantaloni
- le lasagne erano fredde
- la bistecca al pepe era senza pepe
- il cameriere parlava solo napoletano
- la tovaglia era piena di macchie

*3. Siete il direttore di un hotel a tre stelle. Un cliente viene a lamentarsi. Potete dargli torto oppure no,
o spiegargli le vostre ragioni.*

*4. Siete in vacanza ed abitate in una pensione. Il giorno dopo il vostro arrivo andate dal proprietario a lamentarvi.
I vostri argomenti sono:*

- potete sentire tutto quello che succede nella camera accanto
- di notte nella vostra camera ci sono dei rumori strani
- l'acqua calda funziona solamente dalle 22.00 alle 24.00
- a 2 km c'è un areoporto militare

### Una donna italiana per il Nobel

*Vi proponiamo di svolgere questa attività
come un gioco le cui regole sono le seguenti:*

*– Avete 4 minuti di tempo per leggere con
attenzione la biografia di Rita Levi-Montalcini.*
*– Scrivete sul foglio 10 domande riguardanti
il testo; avete 10' minuti per prepararle.
Nel frattempo il vostro partner, che ha lo
stesso testo, preparerà un numero uguale
di domande.*
*– A questo punto coprite entrambi il testo
e rivolgetevi alternativamente le domande.
In caso di dubbio, alla fine dell'attività
controllate guardando la biografia.*
*– Vince chi fra di voi riesce a rispondere
correttamente al maggior numero di
domande.*

Rita Levi-Montalcini nacque a Torino nel 1909 da famiglia di origine ebrea e si laureò in biologia nella stessa città nel 1936. Iniziò subito ad interessarsi del sistema nervoso.
Quando nel 1938 le leggi razziali non le consentirono di proseguire le sue ricerche all'università, continuò dapprima in Belgio e poi a Torino nel 1940, in un piccolo laboratorio allestito privatamente con il Prof. Giuseppe Levi.
Durante il periodo bellico la Montalcini visse nella campagna piemontese e in seguito in clandestinità a Firenze.

Alla fine della guerra fu nominata assistente del Prof. Levi all'Università di Torino. Ma due anni più tardi lasciò l'Italia per gli Stati Uniti, invitata dall'Università di St. Louis.
Divenuta professore in questo ateneo proseguì le sue ricerche sulle fibre nervose di cui individuò il fattore di crescita.

Per la scoperta di questo fattore, denominato NGF (Nerve Growth Factor), ha ricevuto nel 1986 il premio Nobel per la medicina.
Ha raccolto la sua esperienza di vita e di ricerca nel libro "Elogio dell'imperfezione", pubblicato nel 1987.
Oggi vive e lavora in Italia.

*Domande:*

1. _____

2. _____

3. _____

4. _____

5. _____

6. _____

7. _____

8. _____

9. _____

10. _____

## Una donna italiana per il Nobel

*Vi proponiamo di svolgere questa attività
come un gioco le cui regole sono le seguenti:*

- *Avete 4 minuti di tempo per leggere con
  attenzione la biografia di Rita Levi-Montalcini.*
- *Scrivete sul foglio 10 domande riguardanti
  il testo; avete 10' minuti per prepararle.
  Nel frattempo il vostro partner, che ha lo
  stesso testo, preparerà un numero uguale
  di domande.*
- *A questo punto coprite entrambi il testo
  e rivolgetevi alternativamente le domande.
  In caso di dubbio, alla fine dell'attività
  controllate guardando la biografia.*
- *Vince chi fra di voi riesce a rispondere
  correttamente al maggior numero di
  domande.*

Rita Levi-Montalcini nacque a Torino nel 1909 da famiglia di origine ebrea e si laureò in biologia nella stessa città nel 1936. Iniziò subito ad interessarsi del sistema nervoso.

Quando nel 1938 le leggi razziali non le consentirono di proseguire le sue ricerche all'università, continuò dapprima in Belgio e poi a Torino nel 1940, in un piccolo laboratorio allestito privatamente con il Prof. Giuseppe Levi. Durante il periodo bellico la Montalcini visse nella campagna piemontese e in seguito in clandestinità a Firenze.

Alla fine della guerra fu nominata assistente del Prof. Levi all'Università di Torino. Ma due anni più tardi lasciò l'Italia per gli Stati Uniti, invitata dall'Università di St. Louis. Divenuta professore in questo ateneo proseguì le sue ricerche sulle fibre nervose di cui individuò il fattore di crescita.

Per la scoperta di questo fattore, denominato NGF (Nerve Growth Factor), ha ricevuto nel 1986 il premio Nobel per la medicina. Ha raccolto la sua esperienza di vita e di ricerca nel libro "Elogio dell'imperfezione", pubblicato nel 1987. Oggi vive e lavora in Italia.

*Domande:*

1. _____
2. _____
3. _____
4. _____
5. _____
6. _____
7. _____
8. _____
9. _____
10. _____

## Indicazione delle fonti:

*pag. 22/23*    Foto: Rizzo.

*pag. 24/25*    Foto: Rizzo.

*pag. 38/39*    Foto: Rizzo, Valenti.

*pag. 60/61*    Rete Metropolitana di Milano: ATM, Milano.

*pag. 64/65*    Pianta di Siena, da: P. Torriti, *Tutta Siena. Contrada per contrada.*
                © Bonechi, Florenz, 1988.

*pag. 68/69*    Foto: Rizzo.

*pag. 84/85*    Storie illustrate, da: Rollet, *Parler et écrire avec la bande dessinée.*
                © Hachette, Paris.

*pag. 110/111*  Foto: Süddeutscher Verlag, München.